辩点闭环四步法

葛鹏起　著

法律出版社 LAW PRESS · CHINA
北京

图书在版编目(CIP)数据

辩点闭环四步法 / 葛鹏起著. -- 北京 : 法律出版社, 2024
ISBN 978-7-5197-8050-0

Ⅰ. ①辩… Ⅱ. ①葛… Ⅲ. ①律师—辩护—案例—汇编—中国 Ⅳ. ①D926.5

中国国家版本馆 CIP 数据核字(2023)第 111763 号

辩点闭环四步法
BIANDIAN BIHUAN SIBUFA

葛鹏起 著

策划编辑 杨大康 毛镜澄
责任编辑 毛镜澄
装帧设计 汪奇峰

出版发行 法律出版社
编辑统筹 法治与经济出版分社
责任校对 王晓萍 王语童
责任印制 吕亚莉
经　　销 新华书店

开本 A5
印张 7.5　字数 141 千
版本 2024 年 4 月第 1 版
印次 2024 年 4 月第 1 次印刷
印刷 北京中科印刷有限公司

地址:北京市丰台区莲花池西里 7 号(100073)
网址:www.lawpress.com.cn
投稿邮箱:info@lawpress.com.cn
举报盗版邮箱:jbwq@lawpress.com.cn
销售电话:010-83938349
客服电话:010-83938350
咨询电话:010-63939796

书号:ISBN 978-7-5197-8050-0　定价:59.00 元
凡购买本社图书,如有印装错误,我社负责退换。电话:010-83938349

作者简介

葛鹏起

北京市道可特律师事务所高级合伙人、全国刑事业务专业委员会主任。曾在检察机关任公诉人、反贪局副局长、反渎局局长，曾在纪检监察机关任室主任。著有《检察官的7项核心技能》、《我能做律师吗？》(合著）等著作。曾荣获“抱柱杯”全国十佳刑辩律师邀请赛亚军。

擅长处理疑难、复杂职务犯罪类刑事案件。多起案件取得了无罪、不起诉、减轻指控（处罚）的辩护效果，相关案例多次被中央电视台、《中国纪检监察报》等国家级媒体报道。个人经历被《南方都市报》、最高人民检察院《方圆》杂志专题采访。

序

这是葛鹏起律师出版的第二本专著。他写作第一本专著时是一位检察官。法律职业的转变其实并不十分困难，只需大刀阔斧地砍掉不属于自己现阶段职业所需的繁技，再吐故纳新地学习新的知识，补齐短板即可。难的不是身份的转变，技能的再学习；难的是服务客户时的平等心态，是办理案件时的逆向思维，是心智的转变，是对律师行业发自内心的共情。

《辩点闭环四步法》打破了传统的按法律程序写作的方式，以辩点为核心，以工作流程为视角，用四大步，24 小步，把辩护工作系统化、条理化、细节化地呈现出来，向读者展示了律师在承办刑事案件中查找辩点、验证辩点、强化辩点、运用辩点的整个路径。

我一直认为，一名刑事辩护律师，不仅要从法律的角度承办案件，还要回到哲学的角度，从方法论、认识论、实践论的高度来思考案件。

第一步“查找辩点”属于方法论，查找靠的是经验的积累，需要不断地学习、不断地经历。**重点是不漏。**

第二步“验证辩点”属于认识论，验证决定了全案辩点的正确方向，靠的是仔细地思考，需要的是端正的态度。**重点是不错。**

第三步“强化辩点”、第四步“运用辩点”属于实践论，是辩点由弱变强的过程，是战术目标的达成。**重点是不偏。**

在这四步中，我认为最难也最重要的是第二步验证辩点。

好比铸剑，查找辩点是找矿，你可能找到很多矿石，有铜矿、铁矿、金矿，如果不验证哪种才是铸剑真正需要的矿石，就算用金矿铸剑，拿到战场上也不是铁剑的对手。

如果要做好辩点的验证工作，我认为至少要学会三点。

一是读案，心在案里。办案子要有诚心、耐心，同时还要有戒心，对找到的“辩点”要用心分析，认真听取相反意见。不要用时才发现所认为的真辩点其实是一个假辩点。

二是识人，情在案外。当事人可能只跟你讲了对他有利的，没给你讲对他不利的。办案子要学会提出问题。当事人说的话符合逻辑吗？符合常识吗？不要当事人说什么都当真，都拿来当作辩点。这往往也是律师职业的陷阱。

三是克己，懂得放弃。不要认为自己熬了夜，跑了腿，花了很多精力，就舍不得放弃自己辛苦找到的“辩点”。一切都要按实际需要出发，抱残守缺的结果往往是“搬起石头砸了自己的脚”。

四步法中的第二步，我觉得是从根本上解决认识论问题。如果认识论是错的，什么方法都是错的；而认识论要对了，方法如果错，可能还有纠正的机会。总体来说，这四大步不仅是辩点的闭环，也是哲学上方法论、认识论、实践论的闭环。

葛鹏起律师在自己充分实践的基础上，笔耕不辍，从实践中提炼理论，再回到实践中检验、修正，这种从实践中来，到实践中去的做法或许是青年律师快速成长中少走弯路的捷径，这种成才道路的摸索本身就是很有意义的探索。

故作序。

钱列阳

2024 年 1 月 9 日

前　言

亚历克斯·麦克布赖德的著作《律师为什么替“坏人”辩护》一书的中文版封面上有两句话我认为完美地诠释了“辩护人”这种职业存在的意义——“保证无辜者不会蒙冤，有罪者罚当其罪”。

我在想，绝大多数时候，当事人找律师的原因，以及辩护人这种职业存在的意义也不外乎如此。

在实现“保证无辜者不会蒙冤，有罪者罚当其罪”这一过程中，立足我国本土，我与同行一直在做各种尝试。

“辩点闭环四步法”就是各种尝试中的一种。

在刑事案件中找辩点不是我的“专利”。事实上，在一起刑事案件中，辩护人根据法律的规定以及自己的办案经验，通过阅卷、会见等一系列的工作，发现、找到一个案件在定罪上、量刑上、程序上对当事人有利的“可辩之点”，并且通过向办案机关提交各类申请、法律意见书，当面阐述意见或者出庭辩护等方式，以“可辩之点”实现有效辩护，可以说是辩护人的一种出于“本能”的辩护方法。

并且，我进一步认为，辩点是实现有效辩护的核心打法，是刑事辩护的“战略武器”。但在实践中，我也发现，很多辩护人在使用辩点这一打法时存在各种问题。

比如：

仅凭办案经验使用辩点，将同样的经验在不同的案件中使用，但没有揭示一个案件成败的本质。于是，有时候赢得莫名其妙，输得也莫名其妙。

对于查找出的所谓辩点，不经验证和强化就直接在法庭上使用，错把假设和怀疑当作辩点使用。

运用辩点时，对辩点不做取舍，不分主次，全用、乱用，或者不能很好地在各程序、各环节中让辩点形成合力。

为了解决上述种种问题，用好辩点这一“战略武器”，我认为必须结合实践，把辩点这一传统打法予以理论化、体系化。

“辩点闭环四步法”就是我在“辩点”这一传统打法的基础上不断思考，经过对不同案件、不同工作流程的尝试、实践、改进后，逐步形成的一套打法。这套打法以“辩点”为核心提出了一套完整的、系统的、可重复操作的理论解决方案。

“辩点闭环四步法”分为查找、验证、强化、运用四大步。在具体运用中，这四大步又分为 24 小步。[①] 从第 1 步开始到第 24 步结束，完整地形成了一个大的辩点闭环。这四大步，24 小步能够让辩点从无到有，从有到强，从强到用，最终实现辩点辩护的效果。

第一大步，查找。辩护人在接手一个案件后，如何迅速地在以卷宗、会见为信息源的茫茫信息中查找出一个案件的疑似辩点，找到案件的突破口。

第二大步，验证。对于查找出的疑似辩点，哪些能用，哪些不能用，必须进行验证，经过验证的疑似辩点才能成为准辩点。

第三大步，强化。验证通过的准辩点是十分薄弱的，必须

① 需要说明的是，本书中某些说法需要在特定场合反复出现，目的是加深读者印象；文中“大步”与“小步”前面的数词分别用汉码和阿码（如第一大步，第 1 小步），目的是便于读者区分。

要在法律、证据等多方面进行强化，让其从“常规武器变成核武器”。

第四大步，运用。强化后的辩点，要在辩护策略的指导下，在案件的不同阶段，特别是在庭审时的发问、质证、辩论三个环节中具体运用，从而发挥出应有作用。

此外，本书还会讲解一些关于“辩点闭环四步法”在实践中碰到的问题。比如，如何提高查找辩点的能力；侦查、起诉、审判三个阶段与辩点的关系；如何使用工具；如何在团队分工、协作中使用这套方法；如何活学活用、随机应变；等等。

“辩点闭环四步法”是一种思维工具。类似的思维工具还有很多，我常用的有“番茄工作法”“思维导图”“断舍离”。这一类讲解思维工具的作品字数都不会多，把方法讲清楚就行。所以，我尽量把这本书写得短小精悍，希望读者能多读几遍。最好是先读一遍，然后着手用，用的过程中根据需要再选择对某部分内容进行反复体会。最后，做完一个或者几个案子后再把全书看一遍。

“辩点闭环四步法”是我多年个人办案方法的总结，是我个人刑事辩护技能的核心，希望能对大家有所启发。

最后，关于这本书的出版我必须要感谢两个人。

一位是本书的编辑杨大康先生。8年前我的第一本专著《检察官的7项核心技能》出版时，他就联系到我，希望能出版我的下一部作品。他说这本书让他等了8年，希望不要让他失望。

另一位是我的恩师钱列阳律师。我从进入律师这个行业开始就有幸跟随他学习。他告诉我，做刑辩律师就像穿越丛林，要懂得弯腰、低头、侧身、绕行，只不过没有回头路可以走。作为学生，这本书同时也是我执业生涯的一份期中作业，希望能够及格。

葛鹏起

2023年12月5日

目录

CONTENTS

第一章

辩点，刑事辩护的“核心打法”

第二章

辩点闭环四步法

第三章 “辩点闭环四步法”实践要点

第一章

辩点，刑事辩护的“核心打法”

一个小案子给了我很大的启发

我从2007年开始进入法律行业，在检察机关的公诉、反贪、反渎三个部门工作过，也在纪检监察机关的办案部门工作过，现在是一名刑辩律师。工作16年来，我一直在刑事犯罪这个领域从事实务工作。

2016年辞职转行后，我一直在思考一个问题：**同样一个案子如果交到不同律师手中，结果会不会有所不同？**

比如，A律师承办，是业内的平均结果；B律师承办，则判得轻，甚至无罪；C律师承办，比业内的平均结果差。他们三人之间，各自做对了什么？做错了什么？多做了什么？少做了什么？衡量的标准又是什么？

带着这些问题，我一直在观察、思考和实践。

2019 年 1 月，在我转行做律师，拿到律师执业证 100 多天的时候，我接到这样一件小案子，它给了我很大的启发。

目前为止，有三个案子对我的执业理念、方法起到了启发性的作用，这个案子就是其中之一。

案情不复杂，请耐心读完。

2017 年 5 月至 2018 年 11 月，住在云南省大理州鹤庆县的唐某某、吕某某、唐小某一家人，因为自己也有打麻将的爱好，就购置了麻将机放置于自家开设的废品收购站内。除了自己一家人使用这台麻将机外，在闲暇时，他们也提供给同村前来打牌的人使用。随着时间的推移，来打牌的人越来越多。久而久之，唐某某一家开始向前来参与打牌的人员收取相应费用，从中抽头渔利。2018 年 11 月 21 日，当地公安机关在接到群众举报后，在该废品收购站将唐某某三人及在场的打牌人员抓获。

本案在经历了侦查和审查起诉阶段后，检察机关提起公诉。起诉书认定的事实如下：被告人唐某某、吕某某、唐小某三人，以营利为目的，为赌博人员提供场地、赌具和赌资等服务，在鹤庆县某镇某村自家的家中组织杨某、赵某某等70余人通过打麻将、“推筒子”、“捞腌菜”等方式进行赌博，并从中抽头渔利。其间，被告人唐小某多次参与帮忙“抽水”。案发后，吕某某退回赃款人民币2万元。

起诉书中的事实认定部分，仅有短短的136个字，但字字斩钉截铁。一方面说明本案事实清楚、案情简单；另一方面也看得出检察机关对本案的指控工作充满信心。

《最高人民法院、最高人民检察院关于办理赌博刑事案件具体应用法律若干问题的解释》和《最高人民检察院、公安部关于公安机关管辖的刑事案件立案追诉标准的规定（一）》均有规定：以营利为目的，组织3人以上赌博，参赌人数累计达到20人以上的，符合《刑法》第303条第1款规定的赌博罪的犯罪构成。仅就起诉书指控的事实以及现行的法律规定而言，本案案情简单、涉案金额小、影响力低、有罪证据充分，辩护律师似乎难有作为，是个名副其实的“小案子”。

委托我们代理的是被告人唐某某、吕某某的女儿，在谈案阶段，我们了解到，三名被告人背后的关系及犯罪的原因是这样的：唐某某和吕某某是一对老夫妻，唐小某是他们的另一个女儿。老两口都是近60岁的老人，他们平时也有正经的工作，就是在小镇上开了一家废品收购站，以收购废品为生。老太太吕某某平时喜欢打麻将，收废品时买来了一台二手麻将机，闲暇之余最开心的事就是和街坊邻居打打麻将，打的过程中也搞一点小彩头。因为这台麻将机吸引了镇上的居民三三两两地过来玩。后来老两口一商量，觉得麻将馆也是个小生意，于是又买了两台麻将机，加上原有的一台一共三台，老两口便在收废品的地方开起了麻将馆。开始的时候，只是每天收费 40 元，这 40 元中还包括茶水、电、饭、香烟等费用，算下来也挣不了多少钱。后来有人给他们出主意，说这种固定的收费不挣钱，可以采用“抽水”的方式。比如，打麻将的人如果在赌博的过程中碰到如“自摸”等特定的和牌方式，他们就“抽水钱”。这么一变“盈利方式”，也就变成了犯罪行为，再后来，参赌的人越来越多，还自发地还搞起了“推筒子”“捞腌菜”等新的赌博方式。

接受委托后，我们快速投入案件的办理工作中。在会见后，我们认为唐某某等三人构成赌博罪恐怕是板上钉钉的事儿。同时，我们对整个大理地区关于赌博罪的判例进行了数据检索，发现了几个不利的案例，其中一个和本案的案情非常相似：也是共同犯罪，参赌人数也是 70 多人，判决结果大多是有期徒刑一年半至两年，而且是实刑。也就是说，如果没有找到有利的辩点，这个案件恐怕也会是相同的结果。这样的结果，对这一家人来说，将是一个不小的灾难。

开始的时候，我和助理也判断这个案件的辩护空间不大。但是判断归判断，再不可能的案子我们也要努力去争取。我的团队对办案有一套标准的流程，其中之一就是要做一份非常详细的阅卷摘要，之后再下结论。针对这个案子，我和助理一起进行了两次阅卷（助理第一遍，我第二遍），并做了总共22页1万多字的阅卷摘要。

阅卷摘要出来后，我们惊喜地发现，针对这个案件公安机关的《起诉意见书》和检察机关的《起诉书》之间有不同地方：公安机关《起诉意见书》中查明的事实是：“2017年5月至2018年11月21日期间，犯罪嫌疑人唐某某、吕某某、唐小某以营利为目的多次组织赵某等51人利用麻将机、麻将牌、扑克牌通过斗地主赌博、打麻将赌博、‘捞腌菜’赌博、‘推筒子’赌博、‘打坨子’赌博的方式赌博，并免费提供香烟、瓶装矿泉水、饭菜等。犯罪嫌疑人唐某某、吕某某、唐小某在赌博过程中抽头渔利25,500元。”

对比后来检察机关的《起诉书》，二者之间有两个实质性的变化：

1. 金额问题上发生了变化：公安机关认定抽头渔利25,500元，而检察机关没有认定抽头渔利的金额，只是写了一句“退回赃款人民币 2 万元”。

2. 人数问题上发生了变化：公安机关认定的参赌人数是“51 人”，而检察机关认定的人数是“70 余人”。

为什么会有这种变化？带着问题，我们再一次回到卷宗，进行了第三次的阅卷分析。之后，我们解决了第一个问题（不再详述），发现第二个问题在证据方面的两个疑点：

第一，本案对参赌的人员进行了行政处罚，证据卷一、卷二中的行政处罚决定书证实，共有 46 人因在唐某某的废品收购站参与赌博活动被公安机关行政处罚，而不是“70 余人”。

第二，根据证据卷二得知，本案共有 74 人次的证人被公安机关进行了询问。我们猜测，这也是检察机关认定人数是“70 余人”的原因。

那么，如果参赌人数真的是“70 余人”，为什么只有 46 人被公安机关行政处罚呢？或者说，为什么还有 20 多人公安机关不进行行政处罚？其中一定有问题！

带着疑问，我们决定制作一个表格，将被行政处罚的参赌人员与作为证人被询问的参赌人员进行比对，见表 1–1。

表 1-1 被行政处罚的参赌人员与作为证人被询问的参赌人员比对（局部）

序号	证人	被询问次数	卷宗页码	是否已被行政处罚	是否承认赌博行为	赌博方式	是否被收缴款项	收缴金额/元	备注
1	A	1	证据卷三 p.1~5	是	是	麻将	是	1100	仅有证言，无清单
2	B	1	证据卷三 p.6~10	是	是	斗地主	是	1790	—
3	C	1	证据卷三 p.11~14	否	否	—	是	160	仅有证言
4	D	1	证据卷三 p.15~19	是	是	斗地主	是	845	有行政处罚决定，无清单
5	E	1	证据卷三 p.20~25	是	是	斗地主、麻将、“推筒子”、“捞腌菜”	是	170	有行政处罚决定，无清单
6	F	2	证据卷三 p.44~48	—	—	—	—	—	重复 2 次
7	G	2	证据卷三 p.49~52	—	—	—	—	—	重复 2 次
8	H	1	证据卷三 p.53~59	是	是	麻将	否	无	—
9	I	2	证据卷三 p.143~149	—	—	—	—	—	重复 2 次
10	J	3	证据卷三 p.150~157	—	—	—	—	—	重复 3 次

经过比对，我们发现：

第一，本案实际共有 55 人接受询问，其中 38 人被询问 1 次，15 人被询问 2 次，2 人被询问 3 次。因此，所有证人证言从数量上算是 74 份。

第二，上述 55 名证人中，仅有 46 人因在唐某某的废品收购站参与赌博而被行政处罚。

第三，上述 55 名证人中，仅有 51 人承认自己曾在唐某某废品收购站内参与赌博，4 人陈述自己从未在该处参与赌博。

第四，在唐某某家进行赌博的方式有 5 种，但唐某某家仅对其中 3 种赌博方式进行了抽头渔利（对斗地主和“打坨子”没有进行抽头渔利）。

综上 4 点所述，**我们得出一个结论：《起诉书》指控的人数有误。**

之后，我们设计的辩护方案是，开庭时在发问、质证、辩论多个环节，都围绕《起诉书》指控唐某某等人“曾组织 70 余人参加赌博”，属于事实不清、证据不足。具体内容如下。

第一，就数量而言，本案中公安机关询问证人证言的份数一共是 74 份（卷二 21 份、卷三 28 份、卷四 25 份）。辩护人不知道这是否为《起诉书》中认定“70 余人通过打麻将、‘推筒子’、‘捞腌菜’等方式进行赌博”的来源。如果是，那么在这 74 份证人证言中，对 38 人询问了 1 次、对 15 人询问了 2 次，对 2 人询问了 3 次。也就是说，公安机关在侦查过程中共询问了55名证人，对其中的很多人都是重复询问的。

第二，在这55名证人中，只有51人承认了自己曾在唐某某的废品收购站参与赌博，罗某（卷二第73页）、杨某（卷二第93页）、徐某（卷三第12页）、张某（卷三第100页），这4人陈述自己没有参与过赌博。

第三，前述51人中，并非对所有参与赌博活动的人都有抽头渔利，赵某（卷三第8页）、王某（卷三第17页）、李某（卷四第166页），这三人陈述自己的赌博方式都是斗地主。张某（卷四第65页）参与的赌博方式是斗地主和“打坨子”，杨某（卷四第143页）的赌博方式不明。我们从当天在庭上唐某某、吕某某的供述中可以知道，在唐某某家发生的赌博方式有5种之多，但只有其中3种有抽头渔利，斗地主和“打坨子”是没有进行抽头渔利的。

第四，参与赌博被处以行政处罚的有46人。如果公安机关有证据证明是《起诉书》中认定的70余人，那么这近30人为什么没有被行政处罚呢？这46人中，还要减去赵某、王某、李某（三人陈述自己的赌博方式都是斗地主）、张某（参加的赌博方式是斗地主和“打坨子”）这4人（赌博方式不明的杨某没有被行政处罚）。唐某某等人对赵某、王某、李某、张某没有抽头渔利，这4人不应认定在参与赌博的人数中。

所以，有充分证据证实的参赌人数仅有 42 人。

第五，唐某某、吕某某当庭供述的参赌人数也是 40 多人。

《最高人民法院、最高人民检察院关于办理赌博刑事案件具体应用法律若干问题的解释》第 1 条第 3 款规定的“组织 3 人以上赌博，参赌人数累计达到 20 人以上的”，从刑法的解释理论中我们可以看到，这里计算的是“人数”而非“人次”。

赌博罪在量刑方面主要有三个衡量的标准：一是参赌人数，二是抽头渔利的金额，三是赌资。在本案中，抽头渔利的金额、赌资都很小，所以，参赌人数就成为量刑的关键标准。我们有充分证据认定唐某某组织他人赌博的人数应该认定为 42 人，而非《起诉书》指控的 70 余人。

上述的辩护策略取得了良好的效果，公诉人、法官当庭就认可了辩护律师的意见。最终，法院的判决书也认定了参赌人数是“50 余人”，判处吕某某有期徒刑 1 年 6 个月，缓刑 2 年，并处罚金 1 万元；判处唐某某有期徒刑 1 年，缓刑 1 年 6 个月，并处罚金 8000 元；判处唐小某有期徒刑 6 个月，缓刑 1 年，并处罚金 2000 元。拿到判决后，家属万分高兴，对律师也是再三表示感谢。这个案子让从检察官转行做律师的我第一次感受到了律师这份职业的成就感。

同时，这个案子也给了我很大的启发，之后经过反复复盘研究，我认为能有效辩护的原因可以总结为下面 4 点。

第一，接到案件后没有因为这是一个小案子，而且认为没有辩护空间就放弃努力，而是依然认真阅卷，并且找到了本案检察机关认定“70 余人”人数错误的疑似辩点。

第二，通过制作表格，对所有证人的询问次数、参赌方式、是否被行政处罚等情况进行了表格对比，成功验证了这一疑似辩点是可行的。

第三，依据上，通过找到法律规定是“人数”而非“人次”，赌博罪在量刑上的三个衡量标准，刑事案件的证明标准要高于行政案件的证明标准等加强法律支撑。证据上，通过整合相关 4 人供述自己没有参与过赌博，5 种赌博方式只有 3 种有抽头渔利的行为，行政处罚只有 46 人等证据，对人数的确有误的辩点进行了加强。

第四，法庭上，在发问、质证、辩论三个环节都围绕《起诉书》指控的赌博人数“70 余人”这一错误属于事实不清、证据不足，层层递进，展开辩护。

以上 4 点缺一不可。

在这个案件之后，我隐隐约约地发现，一个刑事案件要想实现有效辩护，就得以辩点为核心，围绕辩点展开工作。其中的关键在于，能否找到这个案件的辩点，并且在找到后验证这个辩点能否使用。如能，还需要进一步强化，最后还得运用好。整个环节工作下来才能让辩点发挥出应有的作用。

当然，当时思考的条理并没有这么清晰，是现在从理论反推后发现这个案件的辩护工作正好符合辩点打法的客观规律。

但同时，也发现了一些问题：

这是一个只有几本卷宗的小案子，我们却做了1万多字的阅卷摘要。这1万多字对于真正使用的“指控70余人有误”这一核心辩点来说，大部分内容的摘录都没有用，感觉做了不少无用功。如果是几十本或者上百本卷宗的案子该怎么办（后来这种担心真的发生了，在某“涉黑”案件中，我们花了两个多月的时间做了2000多页阅卷摘要）？

这个案件的辩点，我们是在卷宗里找到的。有没有什么更好的方法能让辩护人从卷宗里更快、更好地查找到辩点？如果辩护人只是从卷宗里查找辩点会不会有缺失？

这个案件中我们用表格对辩点进行了对比验证，算是一条成功经验，还有没有别的方法值得一试？

后来，在接下来的案件中我顺着这个思路进行了更多的思考与探索。

比如：

目前常见的辩护工作方式和习惯做法存在哪些不足？

如何提高自己发现辩点的能力？

如何将关于使用辩点的经验理论化、系统化、流程化？

如何与当事人在案件中（特别是法庭上）进行配合？

团队之间（特别是律师和助理之间）如何分工、协作？

有什么工具能提高办案效果和效率？

如何在办案中学习、成长？

等等。

当前辩点使用的三大战略错误

使用辩点进行辩护是辩护人出于“本能”的一种辩护方法，但有的律师也很纳闷：我也在用辩点辩护，为什么实际效果并不好呢？我深入了解后发现，原因大多是在战略上存在下面三个错误。

错误一：套路式辩护

只是在工作，没有在辩护！

只是跟着办案机关的程序完成工作，套用常规辩点，陪着当事人走完程序。该提取保候审就提，照着模板改改，而不是查找案件中特有的无罪、罪轻证据，不从案件的实际情况阐述为什么本案不具备羁押必要性，“因为提，所以提”；与检察机关谈认罪认罚时，只是在嘴上“讨价还价”，软磨硬泡，没有发现案件中法律上、证据上的辩点，以便获取协商的筹码，“边打边谈”；开完庭就案结事了，庭后不针对法庭上发生的变化，对庭前形成的《辩护词》进行补充、修改，而是直接提交，也不在庭后继续跟进。感觉所有的程序都走完了，动作很标准，“辩点”很全面，但是效果很一般。这种辩护方式，只能叫作套路式辩护。

错误二：挑错式辩护

只是在打，没有打到！

所谓的辩点，只是在卷宗中挑错误，挑毛病。比如，发现两份笔录出现了复制、粘贴的情况，就一定要在质证时提出来。被告人说自己在办案机关做笔录时没有如实记录，就去提非法证据排除。感觉某条法律、法规可以一试，就大胆地在案件中使用。这种辩护方式，感觉也很认真，但提出的辩点都不是案件的关键点。这种辩护方式，只能叫作挑错式辩护。

错误三：挠痒式辩护

只是打到，没有打穿！

还有一种情况最可惜，辩护人已经找到了正确的、有用的辩点，但在运用时没有依据、证据支撑，没有层层深入，没有穷追猛打，只是点到为止，让公诉人不痛不痒。我做公诉人时也感觉到，有时候已经被辩护人抓到了软肋，但辩护人只是提了一句，马上又跳过去，不往下说了。旁听人员也感觉不痛不痒。这种辩护方式，只能叫作挠痒式辩护。

当前辩点使用的五种战术问题

除了前面提到的战略上的三大错误外，在具体使用辩点时还经常出现五种战术问题。

问题一：仅凭办案经验使用辩点

我入行时发现了一个有趣的现象，有的资深律师在法庭上的表现，无论是发问、质证，还是辩论都不太尽如人意。但是从最后判决的结果来看，办案效果也不差，在平均线以上，这是为什么？

带着这个问题，我做了很多思考，分析律师庭上的表现和最终结果之间的关系之后我发现，这些律师能“赢”的关键，是因为他们办过大量的类案，并且通过大量办案，学习、掌握了法官对该类案件定罪、量刑时作决策的关键点（辩点）。这个案件使用的辩点，既是他们在上一个案件中总结的成功经验，也是他们在上一个案件中总结的失败教训。

时间的累积让他们有了丰富的类案经验，丰富的经验让他们有了一种类似“第六感”对案件结果的判断力。特别是一些只在某个区域执业的律师，他们对这个区域内法官的办案风格、裁判尺度有着精准的判断，常常能在判决前就给出接近判决书结果的答案。

这也是很多工作了二三十年的律师能自信地对当事人说“放心吧，你这种案子，我已经办过一百件了”的原因。

所以，即便他们在法庭上的表现不是那么尽如人意，对辩点的验证、强化、运用也都没那么好，但在大多数时候，他们找到的辩点还是引起了法官的重视，对法官的决策形成了影响，从而在一些案件中能取得良好的效果，依然能在结果上获得客户的认可。

这就是时间在一个手艺人身上沉淀的效果，刑事辩护这门“手艺”，“无他，唯手熟尔”。

但我们同时也要指出，凭借办案经验使用辩点的方法其实也存在很多问题。

第一，我们自以为的成功辩点和案件结果之间其实并不是100%的因果关系。我们自以为上一个案件的辩护效果好是因为选择了某个辩点。但这种自以为有时是对的，有时只是运气好，与所选择的辩点无关。还有的时候，所选择的辩点完全是错误的，只不过还是运气好，案件没受到关键性的影响。

第二，经验有时候只是一种感觉，这种感觉往往是建立在假设和猜测的基础上，没有建立在事实和法律的基础上。这种凭感觉办案的方式由于缺少对辩点的验证和强化，所以常常同样的做法，在这个案件中的效果好，在另一个案件中的效果就截然相反。有的时候是赢得莫名其妙，有的时候输得也是莫名其妙。

我们总结一下，凭借经验主义办案（使用辩点），最大的问题是经验并不能准确地揭示一个案件成败的本质。由于经验没有上升到理论的高度，如果直接套用“成功”经验，用前不调查，用时不分析，用后不总结，就会掉入经验主义的陷阱。

问题二：把假设当辩点使用

假设不等于辩点。

大部分假设源于律师的经验，假设当然可能转化为辩点。但是假设要经过验证（第二步），强化（第三步），最后才能运用（第四步），而不能跳过“第二步、第三步”，直接从“第一步”到“第四步”，把假设当辩点直接使用。

例如，一件故意伤害案中，辩护人提出了“本案不能排除犯罪分子另有其人的合理怀疑”的所谓“辩点”。如果这种假设没有经过验证，没有在证据上得到支持（强化），这就只是一种假设，而不是一个辩点。

从假设到辩点，有一个非常大的鸿沟。这个鸿沟需要辩护人结合法律、证据，通过自己的法律技能去跨越。跨过去了，假设才能成为真正的辩点。

想要把上例“本案不能排除犯罪分子另有其人的合理怀疑”的假设变为辩点，最少需要验证、强化下面几点：

律师认为犯罪分子另有其人的辩点在时间上、空间上是否有漏洞？是否被关键性的人证、物证否定？

要有证据证明提出的合理怀疑确实存在。这需要从卷宗中查找证据，更需要律师主动取证。

提出该合理怀疑的逻辑体系必须有一个或几个具体、明确的辩点作为逻辑支撑，而不能泛泛而谈“本案不能排除合理怀疑”。

要从故意伤害罪的构成要件、证明标准入手，反向分析公诉人指控犯罪的证据有哪些；证据与案件事实是否存在矛盾，或者矛盾无法得到合理排除的原因；为什么根据全案证据无法得出唯一结论；等等。

需要依据法律规定明确，如果辩护人提出的“本案不能排除犯罪分子另有其人的合理怀疑”的辩点的确存在，那么会对本案的结果造成怎样的负面影响？从而撼动检察官的指控，影响法官的裁判。

优秀的辩护人要敢于假设，敢于提出无罪、罪轻的观点；同时，更要大胆假设，小心求证，验证自己的假设、强化自己的假设，把假设变成辩点，最终发挥出它的威力。否则，再好的假设也只是一种假设，被埋没在尘封的庭审笔录中。

问题三：把猜测当辩点使用

猜测不等于辩点。

辩护人在查找环节，通过阅卷和会见会产生很多对案件事实和法律的猜测，猜测当然可能转化为辩点。同样地，猜测要经过验证（第二步），强化（第三步），最后才能运用（第四步），而不能跳过“第二步、第三步”，直接从“第一步”

到“第四步”，把猜测当辩点直接使用。

例如，辩护人在阅卷时发现，渎职行为的发生与集体研究决定有关，自己的当事人可能不是决策层，只是具体执行人员之一。这些发现仅仅是一种可能影响定罪、量刑的猜测，如果辩护人直接把这种猜测作为辩点在法庭上使用，那么就是典型的把猜测当作辩点。

从猜测到辩点，需要经得起法律和证据的检验。从猜测到辩点，是一个去伪存真的过程。

在上例中，辩护人至少应该做以下工作：

询问当事人，集体研究决定的时间、地点，参会人员有哪些？有决策权的领导是哪几位？主要是哪位领导做的决策？在这一次集体研究中，当事人参会了吗？如果参会，是否提出了反对意见？

询问当事人，有没有保存会议记录？有没有会议形成的文件或者其他证据？

查找卷宗中相关人员的笔录，查看相关的证人证言是如何陈述的。当事人的辩解与相关书证、证人证言能否相互印证，如果不能，是否有办法补强？

行为发生的过程中一共有几个具体的执行人员？当事人是否为主要的具体执行人员？具体负责的工作是什么？这些工作与损害结果之间的因果关系是怎样的？

优秀的辩护人善于发现案件中的蛛丝马迹，大胆猜测，仔细求证，不断地找到案件中存在的问题，把猜测变成辩点。

问题四：对辩点不做取舍，不分主次，全用、乱用

能否在一个案件中找到辩点，找到好的辩点，找到别的律师没有找到的好辩点，是衡量一个辩护人是否优秀的标准之一。

但是，并不是所有可用的辩点都要在一个案件中全部使用，随意使用。

情况一：有的辩点，经过验证和强化后杀伤力巨大，如在某“涉黑”案件中，辩护人找到了公诉人指控的犯罪发生的时间，被告人正在监狱服刑的证据。

情况二：有的辩点，虽然确实成立，公诉人也无法反驳，但是对整个案件的定罪、量刑起不到颠覆性的作用。如辩护人找到了卷宗里没有的，能否定公诉人指控的某笔受贿款不是 350 万元而是 335 万元的书证（银行流水）。

情况三：有的辩点，只能让人产生合理怀疑。如行贿人和被告人都承认了犯罪行为，但双方供述的行贿时间不一致。

假设一个案件有十个辩点，一个辩点属于情况一，四个辩点属于情况二，五个辩点属于情况三。如果一个辩护人在庭审中全部使用这十个辩点，不做取舍，也不按基本的分类（如定罪、量刑）有序展开，而是想到哪个讲哪个，“散打”，在时间分配上还不分主次，那么，整体辩护效果就可想而知了。

我认为，正确的做法是：

首先，要对这十个辩点做减法，对于“情况三”的辩点，直接砍掉，不说不用，就当不存在。只留下“情况一”和“情况二”的辩点。

其次，在时间安排上，要把庭审中可用时间的60%~70%用于“情况一”的辩点，30%~40%的时间用于“情况二”的辩点。

最后，要按照辩护策略的需要，对决定使用的辩点分类、组合使用。

问题五：法庭上发问、质证（举证）、辩论没有形成合力

一个辩点最能发挥威力的舞台就是法庭。辩护人出庭辩护，是发表辩护意见，呈现工作成果，展现律师风采最重要、最

集中的环节。

辩护人出庭，最主要的工作体现在发问、质证（举证）和辩论三个环节。这三个环节本来就应该是一个整体，有的律师却分割开来，发问环节问的是一些问题，质证环节质疑的证据又和发问的内容无关，最后发表的辩护意见，又和发问、质证全无关联。总之，就是为了发问而发问，为了质证而质证，为了辩论而辩论。将三个环节拆分为毫不相关的组成部分。

例如，在一个检察机关没有认定自首的案件中，如果辩护人在发问环节，不问被告人是如何到案的，到案之后说了些什么；在质证环节，不指出哪些证据能证实被告人主动投案、如实供述，或者提交能证实被告人有自首情节的证据，而只是在辩论环节突然提出自首这一辩护意见。由于没有之前的铺垫，公诉人很容易对这一辩点提出反对意见，法官也很难认同辩护人的意见。问题在于三个环节不是一个连贯的整体，而是各打各的，没有形成合力。

发问环节，被告人是主角，因为他是事件的亲历者；质证环节，证据是主角，因为控辩双方的意见都需要证据做支撑。辩论环节，（对于辩方来说）辩护人是主角，因为辩护人要用法律与证据阐述辩点，说服法官。只有充分运用每一个环节的不同作用，才能合力形成有效的、十足的辩护“火力”。

“辩点闭环四步法”的三大理论

为了解决上述错误及问题，我从 2016 年开始就一直在思考、实践、实验，最终形成了“辩点闭环四步法”。

“辩点闭环四步法”由“辩点”“闭环”“四步法”几个关键词组成，这几个关键词同时也是这套方法的三大理论。

一、辩点

确立以辩点为核心的打法。

辩点是这套方法的核心，无论是查找辩点，验证辩点，强化辩点，还是运用辩点，一切都是围绕着“辩点”进行的。

确立以辩点为核心的打法，关键是要转变思维。要思考我们之前做的辩护工作，哪些是与辩点这个核心方法相一致的，是应该做但没做或者做得不够多、不够好的。哪些又是与辩点这个核心方法相违背的，是应该不做，或者应该少做的。

对此，“辩点闭环四步法”以辩点为核心，围绕辩点，做了很多与之前刑事辩护工作流程不同的改变和创新。

（一）工作重心的改变

这套方法要求把所有辩护工作的重心都放在辩点上，认为辩点是辩护人在侦查、起诉、审判三大法律程序中必做工作的核心；认为无论是阅卷、会见，还是出庭，辩护人的整个工作流程都应围绕辩点进行；认为所有的法律程序和工作流程都要为了辩点相互配合、相互支撑，形成合力。

这套方法要求辩护人无论是提交各类申请，当面阐述意见，还是发表辩护意见，都要把有没有辩点，辩点能不能用，辩点强不强作为判断的标准。

（二）工作逻辑的改变

传统的刑事辩护工作基本上都是围绕两种方式进行的。一是法律程序：侦查、起诉、一审、二审、再审；二是工作技能：谈案、会见、阅卷、写作、发问、质证、举证、辩论。

“辩点闭环四步法”是围绕着辩点的“查找、验证、强化、运用”进行的，与传统方法有着逻辑上的不同。“辩点闭环四步法”既是以法律程序为基本的工作流程，又把所有的业务技能融入具体的步骤中。**这套方法最重要的是逻辑上围绕辩点进行，层层递进，螺旋上升，解决了法律程序和工作技能不能完美匹配及二者的差异对辩护工作流畅性影响的问题。**

（三）工作方式的创新

“辩点闭环四步法”的工作重心、工作逻辑的改变，带来了诸多工作方式的改变，其中重大、也是最重要的是阅卷方式的改变，这也是这套方法最大的创新之一。

下面详细论述，请大家多多体会工作方式变化背后的思维变化。

我做过三年的公诉人，我发现从检察院转行做律师的同行在工作方式上特别喜欢按照公诉人的阅卷模式工作，制作详细的《审查报告》。当然，律师也有相应的阅卷成果，一般叫作《阅卷笔录》或者《阅卷摘要》。

无论是公诉人做的《审查报告》，还是律师做的《阅卷摘要》，二者在工作内容上大致相同，都是在进行卷宗的摘抄、归纳。总结下来，基本的工作逻辑都是在做**“卷宗缩写”**，比如，把十本卷宗里有用的信息摘抄、归纳出来，集合成一本。

当然，相比不做任何《阅卷摘要》，直接写几页《质证提纲》《辩护词》就出庭的律师，做《阅卷摘要》，做过“卷宗缩写”的律师其出庭质量当然是更有保证的。

我之前的工作方式也是先让助理阅第一遍卷，制作《阅卷摘要》，助理阅完卷后，我对照制作好的《阅卷摘要》再看一遍卷宗，发现有遗漏、错误的地方就进行增加或者补正。最后再分析修正过的《阅卷摘要》，从中查找辩点，进行下一步的工作。

用这种方法阅卷，在查找辩点时一般是不会有遗漏的，拿着厚厚的《阅卷摘要》出庭也很有底气，但这种工作方式有两个最大的问题：

一是工作量巨大，而且与辩护人的工作性质不相匹配。

一二十本卷宗的案子还好，如果碰到 50 本、100 本、几百本卷宗的大案子，如果先进行摘抄，做“卷宗缩写”，再从中寻找辩点，工作量无疑是巨大的。认真计算下来，这部分的工作时间占整个辩护工作的总时间也是最多的，基本上都占一半以上。

公诉人出庭指控犯罪，要构建一面“证据墙”，这面墙必须事实清楚，证据确实、充分，排除合理怀疑，所以阅卷时要做“卷宗缩写”，所形成的《审查报告》同时也用于法庭上出示证据，应该说，是与工作特点相匹配的。同时，与律师需要多次会见当事人不同，公诉人不需要多次提讯犯罪嫌疑人，所以二者的工作时间分配也是不同的。

对律师来说，我们不需要在法庭上出示全案证据，只需要对有争议的证据进行质证及少量举证，要做的只是把“证据墙”上的一块“砖”抽出来，在“证据墙”上打个洞，让其事实不清，证据不足，不能排除合理怀疑就行。如果也做工作量相同的《阅卷摘要》，就可能做了大量的无用功，与我们辩护的工作特点不匹配了。如果再加上大量的日常会见，律师的时间根本不够用，这也是辩护人全年的办案数量会比公诉人办案数量少的重要原因之一。

二是《阅卷摘要》的质量大大受限于律师助理的办案能力。

工作实践中，大部分资深律师都会有律师助理协助工作，完成第一遍阅卷工作。对于律师助理来说，这当然是一个不可或缺的学习过程。但是，对于实际工作来说，如果案件的第一遍阅卷工作是由刚刚入行或者经验尚不丰富的律师助理完成，那么交给主办律师的工作成果（《阅卷摘要》）的质量是得不到保障的。我就见过多名刚入行的新手，做出来的《阅卷摘要》在大量摘抄有罪证据，而对无罪、罪轻证据漠不关心，给人一种是检察官助理而不是律师助理的感觉。

律师助理的学习当然需要一个过程，但是对于要应对各类繁杂工作的主办律师来说，面对一份糟糕的《阅卷摘要》，很多时候甚至会让主办律师有一种“还不如自己来做”的感觉。

碰到卷宗较多的案件，如果做《阅卷摘要》的时间过长（比如一个月），还可能由于主办律师不能及时了解案情，进而未能开展有效会见、及时取证等工作，从而可能给案件造成不可挽回的后果，影响到办案质量。

那么，“辩点闭环四步法”在阅卷方式上做了什么重大变革呢？

第一，“辩点闭环四步法”是以辩点为工作的核心，这套方法在第一步“查找”步骤中，就改变了传统的“卷宗缩写”方式，**只进行全面阅卷，不进行全面摘抄、归纳，用直接查找辩点并作标注的方式阅卷，极大地缩短了阅卷时间。**

第二，为配合“辩点闭环四步法”的应用，这套方法全面使用了现在已经成熟的思维导图 App，让阅卷的成果更直观。

而且，用“解构‘结论’思维导图”分析控方的指控思路，用“卷宗思维导图”查找辩点，用“准辩点思维导图”归纳辩点、验证辩点，最终形成强化后的“辩点思维导图”用于辩护工作。

第三，由于直击辩点，变全面摘抄为全面查找，就可以把节约出来的大量时间用于反复阅卷，验证、强化辩点。把时间花在最重要、最值得的地方，这种工作方式更符合辩护人的工作特点，经过实践办案质量还更好。

另外，“辩点闭环四步法”在阅卷的办公设备、软件等方面也给了大家一些建议，能更高效，也能更好地应对当下卷宗电子化所带来的变化。

二、闭环

多次闭环，找到当下案件的最佳解决方案。

“闭环”是管理学家戴明博士提出的一个模型，所以又叫“戴明环”。闭环简单地讲有两个方面，一是有始有终，始和终完成一个循环。二是要求每一个循环都是独立的，而且新的循环把上一次循环的结果作为已知条件。之后一次次闭环，螺旋上升，越来越接近最佳方案。

举一个例子，闭环就像现在的App迭代一样，从开发到1.0版本上线，就是完成了第一次闭环，之后的2.0版本把1.0

版本的结果作为已知条件，补充、修正 1.0 版本的不足，之后 3.0 版本、4.0 版本、5.0 版本……螺旋上升，越来越好。

“辩点闭环四步法”就是把“戴明环”的理论运用于刑事辩护的具体实践。

（一）多节点、多环节多次闭环

第一，查找完成了辩点查找的闭环，验证完成了辩点验证的闭环，强化完成了辩点强化的闭环，运用完成了辩点运用的闭环。

第二，查找、验证、强化、运用，四大步骤又完成了一个案件所有辩点的大闭环。

第三，24 小步中的多步骤组合在一起，完成了关键性工作的闭环。例如，“第 2 步（解构办案机关的‘结论’）”“第 3 步（制作‘卷宗思维导图’）”“第 4 步（第二遍阅卷）”这三步组合在一起，完成了传统阅卷工作的闭环。

（二）一步步螺旋上升，找到当下案件的最佳解决方案

之前，是尽力把每一个步骤都做到最好，阅卷时希望查找到所有的辩点；撰写辩护词时，一遍遍地修改，希望能改到完美，但结果往往不尽如人意。原因在于，虽然每一步都尽力了，但由于每一步都是孤立的，就像前面讲过的阅卷一样，

用传统方法，虽然下了很多功夫，但很多工作都是白费力。

“辩点闭环四步法”把一个案子的工作步骤分为四大步，24 小步，**每一小步的节奏都很快，小步迭代，螺旋上升，最终找到案件的最佳解决方案。**

例如，对于辩点这个核心，按照“辩点闭环四步法”查找卷宗里的疑似辩点，补充卷宗辩点的不足，完成最小的闭环 1.0 版本，接下来验证辩点（2.0 版本），强化辩点（3.0 版本）……如此不断螺旋式上升。

（三）不是痛苦地追求完美，而是一步步地接近完美

有律师跟我说：“我总是在开庭前两三天或者开庭前一晚才写完辩护词，这个问题怎么解决？”

为什么会发生这种情况？我觉得有两种可能性：一种情况可能是你懒惰，非要到最后一天才被迫完成；另一种情况是追求完美，总感觉不到最后一天，实在是拿不出一个满意的东西来。

我自己也是一样，之前总是过度地追求完美，总觉得阅卷慢一点，提纲再细一点，辩护词写得再深入一点，什么都追求完美，结果把时间推到了最后。

其实，**“闭环”还有一个最大的作用，就是对抗律师的完美主义。**第一次闭环不完美，但新的闭环在进行，一步步螺旋式上升，最终达到一个近于完美的工作成果。而且，每一次闭环用时都不多，基本都用在了该用的地方，从而避免了痛苦地追求完美，而是一步步地接近完美。

例如，撰写辩护词是一件需要追求完美但很痛苦的事情。采用“辩点闭环四步法”撰写辩护词，首先，是在已经进行了大量的验证、强化辩点的工作基础上，才开始进行的“第19步（撰写《辩点法律意见书》）”；其次，按辩护策略的需要，在《辩点法律意见书》的基础上完成的“第22步（写辩护词、发问提纲和质证提纲）”；最后，结合出庭情况，完成“第24步（做好收尾工作，及时复盘总结）”，并提交终版辩护词。这样经过多次闭环，撰写辩护词不再是一个需要大量翻阅卷宗、查找资料、冥思苦想的过程，而是小步迭代、逐渐完成、相对轻松的过程。

三、四步法

形成一套完整的辩点打法，为辩护提供体系支撑。

“辩点闭环四步法”，在“确立以辩点为核心的打法”“多次闭环，找到当下案件的最佳解决方案”的基础上，具体、全面地提出了查找、验证、强化、运用四大步。这四大步又可以拆解为24小步，从第1步开始到第24步结束，完整地完成了一个案件中所有辩点的闭环。

详细步骤如下：

查找

第1步：做好准备工作

第2步：解构办案机关的“结论”

第3步：制作“卷宗思维导图”

第4步：第二遍阅卷

第5步：补充卷宗辩点的不足

第6步：制作“控方思维导图”

第7步：制作“疑似辩点思维导图”

验证

第8步：对疑似辩点进行初步筛选

第9步：让疑似辩点“有法可依”

第10步：让疑似辩点“有据可查”

第11步：让当事人协助验证疑似辩点

第 12 步：验证疑难疑似辩点

强化

第 13 步：制作问题强化清单

第 14 步：强化证据

第 15 步：强化依据

第 16 步：穷尽可能

第 17 步：与当事人及家属讨论全案辩点

运用

第 18 步：给辩点分类、分级

第 19 步：撰写《辩点法律意见书》

第 20 步：制定辩护策略

第 21 步：组合辩点、形成合力

第 22 步：写辩护词、发问提纲和质证提纲

第 23 步：运用辩点，发动饱和式辩护

第 24 步：做好收尾工作，及时复盘总结

◎◎◎◎

解读：

这四大步，24 小步，是把辩点的使用细化到最小的工作单元，并且给出了一步步详细的实操方法，是从查找疑似辩点，到通过验证让部分疑似辩点成为准辩点，再到强化准辩点使之成为真正的辩点，最后到运用辩点的完整体系，是一套科学、完整的工作流程。

这四大步，24 小步，是我历经 7 年的思考、实践与实验，经过了从办案实践到理论总结，再到理论反作用于实践的哲学思辨，是一整套关于刑事辩护的思维工具。

这四大步，24 小步，是实现辩点从“常规武器”转变为“核武器”的过程，是把辩点打法从“游击队作战”转变为“正规军作战”的过程，是“正规军”堂堂正正的打法。

第二章

辩点闭环四步法

“辩点闭环四步法”是什么

“辩点闭环四步法”分为查找、验证、强化、运用四大步，这四大步又可以拆解为24小步，现将详细步骤及用途概述如下。

一、查找步骤，一共7小步

第1步：做好准备工作。为了更好地运用“辩点闭环四步法”，这一步首先对阅卷的电脑显示器和软件提出了建议。在正式阅卷前，要先对拷贝回来的电子卷宗进行检查，并且把涉案罪名的相关法条细读一遍，为之后的正式阅卷做好准备。同时，这一步还对参与本案辩护工作的团队协作给出了建议。

第 2 步：解构办案机关的“结论”。阅卷工作开始，不是直接看卷宗，而是先解构不同办案机关出具的如《起诉意见书》《起诉书》等具有“结论”性质的法律文书，以便更清晰地了解各方意见，分析各方立场。

第 3 步：制作“卷宗思维导图”。“辩点闭环四步法”改变了传统的“卷宗缩写”的阅卷方式，按照卷宗的原有顺序，直接把查找的“疑似辩点”（假设和猜测）、“难点”标注在思维导图上，完成第一遍阅卷工作。

第 4 步：第二遍阅卷。这一步是在第 3 步阅卷的基础上，对第一遍阅卷进行的补充、修正。两遍阅卷，最好由不同的人员完成，相互查缺补漏，防止思维盲点。

第 5 步：补充卷宗辩点的不足。查找辩点，应该把 70%~80% 的精力放在阅卷上，但是，由于卷宗不是为辩护人准备的，而是为公诉人准备的，所以，辩护人还应该依靠自己的办案经验，大胆地提出新的假设，产生新的猜测，从而突破卷宗的限制。此外，还应该从法律规定，法学理论，与当事人及相关人员的交流中发现新的辩点，补充卷宗辩点的不足。

第6步：制作“控方思维导图”。在第2步解构办案机关的“结论”的基础上，加上两次阅卷（第3步、第4步）时对难点的标注，从而制作的“控方思维导图”，是辩护人从控方的角度思考案件，做到知己知彼的重要途径。

第7步：制作“疑似辩点思维导图”。“疑似辩点思维导图”是在“卷宗思维导图”（第3步）的基础上制作的。是将之前步骤中查找出来的“假设”和“猜测”整理、归纳为尚未经过验证的疑似辩点，并制作成“疑似辩点思维导图”。在这一步中，对疑似辩点的标准是凑合就行，“宁滥毋缺”。第7步是整个查找阶段的最后一步，也是第一大步最重要的阶段性成果。

二、验证步骤，一共5小步

第8步：对疑似辩点进行初步筛选。对照第7步制作完成的“疑似辩点思维导图”，对疑似辩点进行分析和判断，筛选掉“一眼就能看出来用不了”的疑似辩点，留下“等我再想想”的疑似辩点。为验证工作做好初步准备。

第9步：让疑似辩点“有法可依”。法律法规是辩护人判断疑似辩点能否成为准辩点的重要依据。所以，要在实体法和程序法两个方面验证疑似辩点，筛掉那些在法律规定上有“重大硬伤”的疑似辩点，留下那些“在法律上能自圆其说”，基本闭环的准辩点，以待下一步强化。

第 10 步：让疑似辩点“有据可查”。证据是辩点的重要支撑。辩护人查找出来的辩点，也要符合事实清楚，证据确实、充分的证明标准，验证疑似辩点，要从证据能否证明辩护人辩点成立的角度对疑似辩点进行验证，留下那些“在证据上能勉强证明”，基本闭环的准辩点，以待下一步强化。

第 11 步：让当事人协助验证疑似辩点。当事人是案件的亲历者，当事人朴素的、本能的判断很多时候能帮助辩护人发现某个疑似辩点存在的破绽。同样地，由于当事人出于本能的趋利避害心理，他们往往也可能成为辩护人闭环疑似辩点最大的漏洞。所以，让当事人协助验证疑似辩点，并且反复核实闭环该辩点所需的重要证据十分重要。

第 12 步：验证疑难疑似辩点。有的疑似辩点，只需要进行简单的法律或证据链分析就能判断其是否可用，而有的则需要借助人物关系图、时间轴及各类表格才能完成验证工作。此外，团队、同行、办案机关都可以成为验证疑难疑似辩点的路径。

三、强化步骤，一共 5 小步

第 13 步：制作问题强化清单。第二大步骤“验证”结束后，疑似辩点就成为准辩点，但大多数准辩点过于“单薄”，还达不到能直接运用的程度，还有待强化。制作问题强化清单，就是先把那些有待强化的地方找出来。先找出问题，再解决问题。

第 14 步：强化证据。对照问题强化清单，把第 10 步“在证据上能勉强证明”基本闭环的准辩点，通过本步的证据强化，特别是在辩护人调查取证后，能在证据层面尽力达到确实、充分的标准，在证据上闭环准辩点。

第 15 步：强化依据。对照问题强化清单，把第 9 步“在法律上能自圆其说”基本闭环的准辩点，通过本步的检索、案例研究，对争议法律问题的深入研究等方法，使之能在法律上有较强的说服力，在法律上闭环该准辩点。

第 16 步：穷尽可能。强化辩点，不但要在常规的法律、证据上下功夫，还要充分发挥辩护人的主观能动性，有时是对传统方法的突破，还有时是发挥辩护人创造力的“神来一笔”。总之，强化辩点，不要放过任何的可能。

第 17 步：与当事人及家属讨论全案辩点。全案辩点强化完成后，还应该与当事人及家属讨论律师对全案辩点的分析结果，一来可以进一步让当事人协助律师完善辩点；二来可以向当事人及家属展示律师的工作成果，提高客户的满意度；

三来还可以就辩护策略与当事人及家属沟通，协助他们对最终的辩护策略作出判断和选择。

四、运用步骤，一共 7 小步

第 18 步：给辩点分类、分级。辩点有定罪、量刑、程序、证据、案例等不同的分类。同时，这些辩点按照作用的大小又是分等级的。辩护人要分清手上的辩点哪些是战略级的，哪些又是常规性、迷惑性的。把各类辩点区分出来，盘点手上的“武器”，以便在辩护中根据案件需要灵活使用。

第 19 步：撰写《辩点法律意见书》。《辩点法律意见书》，是在不考虑有罪、无罪等辩护策略的情况下，把强化完成后的辩点从法律到证据等各方面进行综合论述的法律文书。撰写《辩点法律意见书》，既是对辩点的再一次强化，也是为之后撰写《辩护词》一类的法律文书提供一个可修改的蓝本。

第 20 步：制定辩护策略。强化后的辩点，只是辩护人手中的一件件武器。运用武器，只是战术问题。而打不打，怎么打，先打什么，后打什么，这些才是更重要，也更需要认真思考的战略问题。

第 21 步：组合辩点、形成合力。组合辩点，是对辩点进行的排兵布阵；是在辩护策略的大目标下，按照定罪、量刑等大框架，把小辩点组成大辩点，以便有序、协调地发挥整体的作用。

第 22 步：写辩护词、发问提纲和质证提纲。在第 19 步完成的《辩点法律意见书》的基础上，只需要按第 21 步的排兵布阵，重新组合、排列《辩点法律意见书》，一份《辩护词》的初稿就出来了。注意，要先写辩护词，后写发问提纲和质证提纲。

第 23 步：运用辩点，发动饱和式辩护。无论是无罪辩护还是罪轻辩护，也无论是否做认罪认罚，都要按照所选择的辩护策略，用好手中的辩点，把发问、质证（举证）、辩论视为一个庭审辩护的整体，前期的辩护工作要为后期的辩护工作提供势能，层层推进，让每个辩点都充分发挥应有的作用。

第 24 步：做好收尾工作，及时复盘总结。开完庭并不代表案件完全结束。庭审结束后，要趁着思路清晰，及时修改出最符合庭审情况的辩护词提交法院，并及时总结本次出庭工作的得失。拿到判决书后，要全面总结本案用到的法学理论知识、法律法规、判例，办案经验、办案技巧和办案实用信息等各方面的知识、信息和成果。对特别有启发的部分，还应该提炼成文字，以便日后用于文章发表、讲课等各种情况。

◎◎◎◎

特别提示：这四大步，24小步是一个标准的工作流程，但由于辩护人在接手时案件可能处于不同的法律程序，如接手该案时是在侦查阶段，那么由于这个阶段辩护人不能阅卷，只能会见，所以在使用这套方法时就得稍微变化。我会在本书第三章“活学活用，随机应变”中详细讲解各类特殊情况的使用，这里先作一个提示。

查　找

“查找”是“辩点闭环四步法”的第一大步，这一步要做的工作，就是找到一个案件的疑似辩点。

“查找”，是凭借律师多年的办案经验（特别是办理类案的经验），通过阅卷、会见等方式，从猜测和怀疑入手，找到疑似辩点的过程。

另外，还要同时找出控方从证据上到法律上都已经闭环的，让辩护人难以实现无罪、轻罪辩护的难点。

这一轮最大的特点是改变了传统的阅卷方式，直击辩点，节约时间。

第 1 步：做好准备工作

一、一些关于工具的建议

使用“辩点闭环四步法”阅卷，要同步进行阅卷和制作思维导图两项工作。目前都是电子卷宗（PDF 文档），要想提高工作效率，就需要在硬件和软件两个方面进行准备。

1. 硬件方面，需要大屏或者多屏显示

如果只使用一台笔记本电脑，那么由于屏幕太小，就得在两个软件上来回切换屏幕，这大大降低了工作效率。所以，得想办法实现在大屏幕上同时显示两个软件界面，从而提高工作效率。

我把工作分为两个主要场景。

如果在家或办公室，最好的办法就是使用拥有更大屏幕的台式机，或是为笔记本电脑外接一个更大屏幕的显示器。我是同时使用两台屏幕分别为 24 英寸和 25.4 英寸的显示器，并且把两台显示器拼接起来使用，这样可以轻松地在一台显示器上显示两页 PDF 文档，另一台显示器上同时使用思维导图，两台显示器同屏操作，可以高效地完成从卷宗到思维导图的提炼。

如果外出工作，使用苹果笔记本的朋友，可以把 iPad 扩展为一个副屏，用 iPad（竖屏）阅卷，用笔记本电脑制作思维导图。

2. 软件方面，需要思维导图和 PDF 阅读软件

思维导图软件推荐使用 Xmind，因为阅卷时需要插入图片和导出清晰的图片，所以最好使用付费版本。

阅卷软件则推荐使用 MarginNote3，在 PDF 文档的文字识别等功能上，这个软件十分强大。

二、正式阅卷前，先做好两件事

准备好了工具，就可以开始了，与大部分律师一样，我们先从卷宗入手。

拿到卷宗后，是不是马上就开始阅卷呢？不要急，在阅卷之前，应该花点时间做些准备工作，否则可能因为某些地方

出了问题，之后要花很多力气来弥补。

在阅卷之前，有两件事是要先做的：

第一，阅卷前，最重要的准备工作是先检查拷贝回来的卷宗是否有问题。如果是在检察机关阅卷，目前基本上都是电子卷，要注意检查电子卷中是否存在缺页、漏页、扫描错误，甚至整卷遗漏的情况。如果是人工拍照的卷宗，也同样要检查一遍。

检查卷宗有没有遗漏的过程，也是超快速浏览一遍卷宗的过程。超快速浏览，能使我们对全案证据等方面有一个宏观的、概括的了解。不同罪名的案件在证据上有很大的区别，**一名经验丰富的律师，即便是在超快速浏览的过程中，也能基本从整个案件的证据分类与卷宗装订中感觉、体会到办案机关的办案思路与办案质量。**这种感觉有助于之后阅卷方案的制定。

第二，在直接开始阅卷前，应该把卷宗中所涉罪名相应的法律法规重新、仔细地读一遍。重读法律法规，能让我们带着“罪刑法定”的思维进入阅卷工作中，大脑会主动把案卷中的证据与法律规定对应起来。这是我这些年办案中屡试不爽的小窍门。记得某个案件中，我由于阅卷之前没重读法条，等全部阅卷完毕后才想起卷宗里好像有一个点可以和所涉及的法条对应起来，之后又花了两个多小时才从卷宗里找到，如果在阅卷前就看过法条，我估计这个点自己当时就会注意到、标注好。

刑事法律法规，个人推荐《刑法全厚细》。

三、做好人员安排、工作计划及办案日志

一个案件的卷宗拿到手后，主办律师通常会根据卷宗的多少、案件的难易程度、需要的人力、团队律师及助理手中的工作量及擅长的领域等因素，根据自己的经验组成一个办案团队。之后，还会制订一个初步的阅卷、会见计划（当然，计划会根据变化及时调整）。

另外，我在工作中还会要求助理专门用一个文档记录工作日志，主要记录团队某人某天干了什么重要且值得记录的工作，或者主办律师安排了什么工作，抑或是某天发生了什么可能会对案件有影响的事件。

例如：

1.2023 年 5 月 22 日下午，张三受贿案，确定了由 A 律师主办，B 律师协办，C 律师助理配合，经过三人的讨论，确定了阅卷方案。另外，电话询问了某看守所的会见要求（要提前一天预约，预约电话 010−1234567）。

2.2023 年 6 月 9 日上午，A 律师与 B 律师第四次会见犯罪嫌疑人，就阅卷时发现的张三与行贿人有合伙做生意的情况进行了询问。可能有 5 万元的金额不属于行受贿，需要进一步分析。

3.2023 年 6 月 16 日下午，到某区检察院与承办人赵检察官交换意见，提交了《调取证据申请书》，请检察机关调取行贿人郑某招商银行的流水。赵检察官的电话号码有变化，新号码为 010−7654321；赵检察官提出这个案件希望能走认罪认罚程序，但没有给出具体的量刑建议。

……

通常，我们会建一个微信群，团队律师把相关信息发到群里，由律师助理统一整理后共享。

第 2 步：解构办案机关的“结论”

在刑事诉讼中，辩护人一方总体来说是在做“防守”工作。新手阅卷，有一个常见的错误，就是不看“进攻”一方的目的是什么，依据、证据是什么，而是一上来就直接看卷宗。这不仅会浪费大量的时间，而且可能遗漏要点，误导辩护方向。

一、先看“结论”，再看卷宗

准备好之后，正式开始阅卷时，需要解决一个首要问题，卷宗多的几十本、上百本，少的几本、十几本，在这么多的卷宗里，先看什么呢？

我的做法是，**先不看卷宗，而是先了解公检法机关在这个案件中的“结论”。**

在案件的某个程序结束时，不同的办案机关会给出自己对这个案件最后的结论，这个结论会形成一份法律文书。

公安机关、监察委的结论叫《起诉意见书》，会提交给检察院。

检察院的结论一般是《起诉书》，会提交给法院。

法院的结论一般是《判决书》。

这些都是在某一阶段办案机关对整个案件的官方的最终意见，这里我把它们统称为办案机关的“结论”。

另外，案件的卷宗中，有的还会有《结案报告》一类的文书，这些文书也是结论的一种，很多时候会记录一些《起诉意见书》中没有的内容，比如，侦查机关对案件处理时的思考，案件目前存在的问题等。如果有，可以作为该办案机关结论的辅助参考。要注意，这个文书很多时候更有价值。

二、解构这些法律文书（结论）的三大作用

第一，这些法律文书（结论）大部分是用来指控犯罪的，把解构后的这些法律文书用思维导图的方式呈现出来，能更清晰地分析在该阶段该办案机关对案件最终认定的原因。**更为重要的是，了解了各方的最后意见，就能够判断各机关之后会在本案中的行为（基本上都会“捍卫”这个结论）。在不理解某行为的时候，可以从结论中查找原因。**

第二，细致分析这些法律文书，就会得到很多有价值的信息，如发现办案人员表述模糊的地方，有意无意遗漏的地方等**这些办案人员“不好写”的地方，往往可能成为本案的战略级辩点。**

第三，解构不同办案机关的结论，特别要注意各机关之间的分歧与表述不一致的地方，**这些分歧和表述不一致的地方往往也是本案的辩点所在。**

三、解构的具体方法

1. 按照法律文书的顺序用思维导图进行解构。如果涉嫌多个罪名，就按罪名进行主题划分，一个罪名一个子主题。如果一个罪名有多起犯罪时，再细分一层子主题。

2. 把每一起犯罪事实所涉罪名的构成要件要素[①]作为解构的最小单位，并按一定的逻辑顺序进行重组。注意要尽量摘抄原话，摘抄不了的再进行一定的归纳、总结。

3. 在一个案件中，一般要制作多个解构“结论”思维导图。假如，解构侦查机关的《起诉意见书》，解构检察机关的《起诉书》，二审时解构一审的《判决书》，解构多个“结论”

① 构成要件要素就是《刑法》分则中规定的某个行为成立犯罪必须具备的要素。如果不具备这些要素，就不构成犯罪。参见张明楷：《张明楷刑法学讲义》，新星出版社 2021 年版，第 72 页。

的意义在于对比、发现这些“结论”的不同和变化。

4. 解构有两个用途：一是帮助辩护人更清晰地分析指控的逻辑；二是可以作为之后第 6 步制作“控方思维导图”时的蓝本。

四、具体运用列举

上述讲解用文字表达比较抽象，用一个例子具体说明。

例如，商某受贿案[①]《起诉书》认定的事实为：

2020 年 11 月至 2021 年 8 月，被告人商某利用担任甲地公安边防大队大队长的职务便利，为高某职务晋升提供帮助，收受高某财物折合人民币 54.2 万元。被告人商某、高某共谋，分别利用担任甲地公安边防大队大队长、甲地第一边防派出所所长的职务便利，为他人谋取利益，共同收受他人财物 260 万元。商某共计收受贿赂 314.2 万元。具体事实如下。

1.2020 年 11 月，被告人商某担任甲地公安边防大队大队长期间，接受高某的请托，利用职务便利为高某晋升甲地第一边防派出所所长提供帮助，并于 2021 年 2 月 1 日，接受高某为其置换价值为 42 万元的沃尔沃牌汽车 1 辆；于 2021 年 8

① 该案例为虚构案件，将作为本书的主案例，在之后多步骤的各思维导图中使用。

月 21 日接受高某所送价值为 12.2 万元的茅台酒 6 箱，共计收受高某财物折合人民币 54.2 万元。

2.2021 年 5~8 月，被告人商某在担任甲地公安边防大队大队长期间，与甲地第一边防派出所所长高某共谋，由商某利用担任甲地公安边防大队主要领导的职务便利，由高某出面实施，以放行走私车辆通过边防检查站的方式为走私人员熊某走私红木提供帮助，并共同收受熊某安排的 A 所送现金 260 万元，其中商某个人分得 120 万元，高某个人分得 140 万元。

在商某、高某的共同受贿犯罪中，商某作为高某的上级，在私放走私车辆的过程中起组织、协调的主要作用，系主犯，高某负责放行走私红木的车辆，起次要、辅助作用，系从犯。

采用思维导图解构后案件情况如图 2–1 所示。

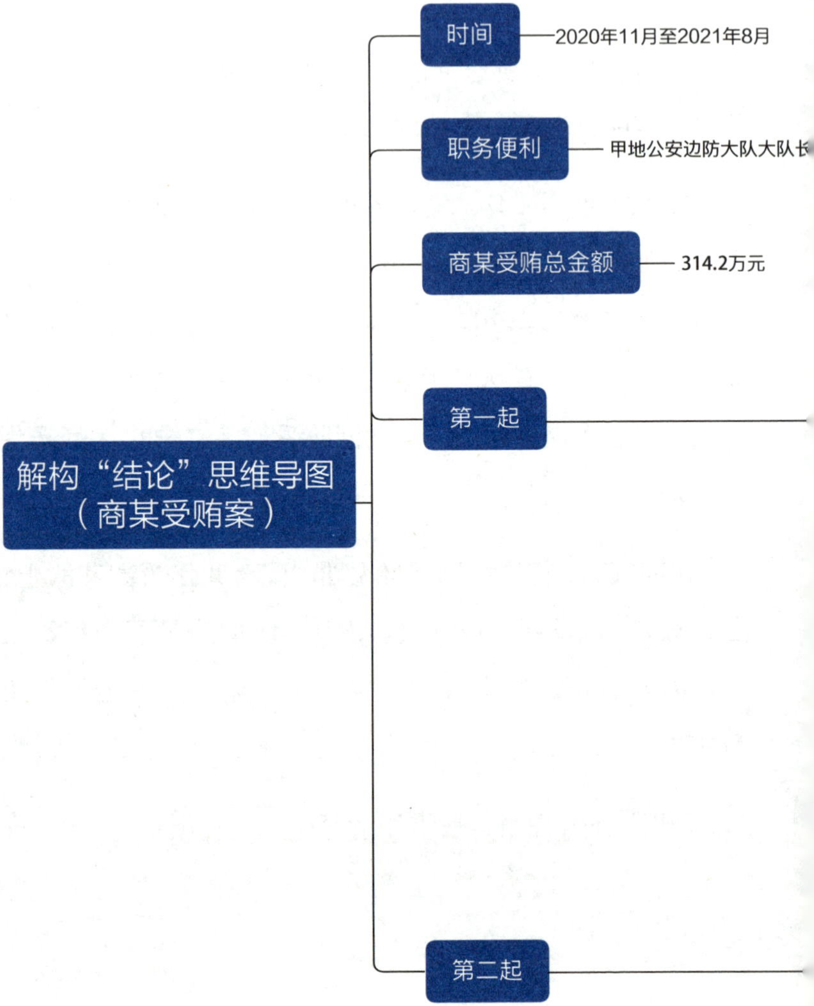
解构“结论”思维导图（商某受贿案）
时间
2020年11月至2021年8月
职务便利
甲地公安边防大队大队长
商某受贿总金额
314.2万元
第一起
第二起

图 2-1

- 时间
  - 2021年2月1日（沃尔沃牌汽车1辆）
  - 2021年8月21日（茅台酒6箱）
- 受贿人——商某（甲地公安边防大队大队长）
- 行贿人——高某（甲地第一边防派出所所长）
- 职务便利（商某）——商某利用担任甲地公安边防大队大队长的职务便利，为高某职务晋升提供帮助
- 受贿行为——高某为达到晋升为所长的目的，向商某行贿价值42万元的沃尔沃牌汽车1辆，价值12.2万元的茅台酒6箱，折合人民币共计54.2万元

- 时间——2021年5~8月
- 受贿人
  - 商某
    - 收受熊某贿赂案主犯
    - 甲地公安边防大队大队长
  - 高某
    - 收受熊某贿赂案从犯
    - 甲地第一边防派出所所长
- 行贿人
  - 熊某—授意行贿者
  - A—具体行贿者
- 职务便利（商某）——商某利用担任甲地公安边防大队大队长领导职务的便利，与高某共谋，由高某出面实施为走私人员熊某走私红木提供帮助
- 受贿行为——共同收受熊某安排的A所送现金260万元，商某个人分得120万元，高某个人分得140万元

◎◎◎◎

解读：

1. 本步骤选用了一个受贿罪的案例，从思维导图的结构就能看出，解构“结论”思维导图就是将《起诉书》思维导图化。

2. 采用思维导图的方式对《起诉书》进行解构，能够更清晰，一目了然地了解整个案件的基本案情。

3. 制作解构“结论”思维导图的过程，也就是分析控方思维的过程。

第 3 步：制作“卷宗思维导图”

经过第 1 步对卷宗的超快速浏览后，已经对整个案件的证据构成有了一个大致了解。经过第 2 步对办案机关“结论”的解构后明确了不同办案机关的立场。

接下来，进入正式阅卷的环节。

阅卷主要是为了查找到案件的疑似辩点（假设 + 猜测）和难点。从时间分配上来说，应该把查找辩点 70% 的时间和精力都分配在阅卷上。

一、变“卷宗缩写”为“辩点查找”

我在第一章“辩点闭环四步法”的三大理论中提到过，辩护人阅卷要转变思维，要围绕“辩点”这一核心进行，变“卷宗缩写”为“辩点查找”。

因为思维导图这一工具能更好地契合“辩点闭环四步法”，

所以我们使用的工具不再是文档而是思维导图。可能很多律师也在使用思维导图进行阅卷，但**这里必须强调，如果是用思维导图做卷宗摘抄，那么依然是在做“卷宗缩写”**。使用“辩点闭环四步法”阅卷是思维的改变而不是工具的变化，是在用思维导图进行“辩点查找”而不是“卷宗缩写”。

二、制作“卷宗思维导图”的三大好处

第一，有速度。之前的方法是“摘抄”（大段大段地摘抄原文或者归纳原文），现在的方法是“标注”（仅对律师阅卷时发现的疑似辩点和难点进行标注）。**用这个方法阅卷比采用做摘要的方法快三倍以上。**

第二，有方向。第一次快速阅卷后所形成的思维导图会对整个案件（卷）起到“地图”的作用，能随时知道自己工作的程度、进度，方便对工作的人手及时间作出安排和调整。特别是遇到人数多、罪名多、卷宗多的情况，能防止辩护人“不识本案真面目，只缘身在卷宗中”。

第三，有底气。把全部卷宗阅读一遍，找出了全案目前能找到的所有疑似辩点和难点，会对本案有一个大致的方向和基本的底气，会对整个案件有一种**既快速又宏观还清晰**的奇妙感觉，这是三大好处中最重要的一点。

三、使用思维导图进行阅卷的具体方法

按照卷宗的原有顺序，先对本案所有卷宗“以卷为单位”制作一个简单的思维导图，有多少卷就做多少项。

特别注意，是按卷宗的“原有顺序”，一般不要擅自改变这个阅卷顺序。因为侦查（调查）机关是按照一定的思维体系装订的卷宗，并且大部分检法的办案人员在阅卷时都是按照卷宗的原有顺序，保持同一顺序有助于分析办案机关的思路并在一定维度内保持对证据理解的一致性。

我们以主案例商某受贿案这个有 5 本卷宗的案件做一个范例，见图 2–2。

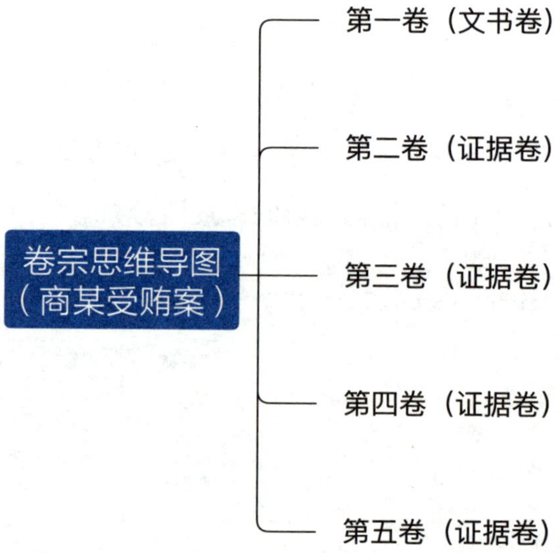

图 2-2

接下来，按卷宗的原有顺序正式开始阅卷，具体方法如下。

边阅卷边记录每一卷的证据名称，必要时可以在该份证据的主题下设立一个或几个子主题对该份证据的核心内容进行记录。

在找出疑似辩点和难点时，就使用思维导图的“概要”功能对该疑似辩点或者难点进行标注。标注时只需要一句话总结这是一个什么疑似辩点或者难点，方便之后能及时从卷宗中找到即可。特别重要的内容，最好采用截图的方式直接插入思维导图中。

下面用一个简单的例子示范如何边阅卷边记录每一卷的证据名称，并把查找出来的疑似辩点和难点进行标注，见图2–3。

卷宗思维导图（商某受贿案）

- 第一卷（文书卷）
  - 1.立案决定书、立案通知书p.1–2——某监委于2022年7月2日立案，于7月2日向商某、高某宣布立案决定
  - 2.商某、高某的留置决定书p.3–4——2022年7月2日对商某、高某采取留置措施
    - ① 疑似辩点：商某在关禁闭期间所写的《交代材料》时间在留置之前
  - 3.商某、高某的留置通知书p.5-6——商某的儿子签收
  - 4.搜查证、搜查笔录p.7–11——搜查出茅台酒6箱
  - 5.到案经过p.12-13——商某于2022年7月2日被监委工作人员从某疗养院带走
    - A 难点：没有就关禁闭的相关情况进行说明，没有认定主动投案
- 第二卷（证据卷）
  - 1.商某、高某的户口证明、违法犯罪记录证明p.1–3
  - 2.商某的公务员登记表、任免审批表、任职文件p.4–12——2020年8月8日至2021年11月2日，任甲地公安边防大队大队长
    - ② 疑似辩点：《起诉书》认定商某为主犯，但商某只在甲地工作了一年多，只在这个时间段内有甲地公安边防大队大队长的职权
  - 3.高某的公务员登记表、任免审批表、任职文件p.13–16
    - 高某为商某的下属，系本案同案犯
    - 从2004年开始就一直在甲地边防部门工作，案发时担任甲地第一边防派出所所长
      - ② 疑似辩点：《起诉书》认定高某为从犯，高某一直在甲地工作，长期有职权
  - 4.扣押通知书p.17–21——扣押沃尔沃牌汽车1辆、茅台酒6箱
  - 5.委托鉴定书、价格鉴定p.22-28——沃尔沃牌汽车价值42万元、茅台酒6箱价值12.2万元
    - ③ 疑似辩点：在没有对酒的真假做鉴定的情况下，就直接做了价格鉴定
- 第三卷（证据卷）
  - 1.商某讯问笔录p.1–7
    - 第一次讯问时间：2022年7月2日
    - 主动供述：
      （1）高某在2021年2月，送了自己一辆沃尔沃牌汽车。同年8月儿子结婚时又送来茅台酒6箱（但由于怕太张扬，没用，就一直放家里了）；
      （2）送车和茅台酒的原因是高某想得到升职；
      （3）在2021年8月收受120万元的原因是与高某一起多次私放走私车辆
    - ④ 疑似辩点：2023年1月5日会见商某时，商某陈述，高某行贿的沃尔沃牌汽车是用自己家的一辆丰田牌汽车置换的。但商某的讯问笔录中没有记录，并且《起诉书》没有扣除两车之间的差价
  - 2.商某讯问笔录p.8–15——与下属高某于2021年5~8月，多次私放熊某的走私车辆
  - 3.商某讯问笔录p.16–22
    - 高某向其表示，走私人员熊某会向二人共同行贿200万元
    - 高某在2021年8月收到熊某的200万元后，分给商某120万元
    - ⑤ 疑似辩点：商某一直认为自己与高某共同受贿的数额只是200万元
  - 4.商某讯问笔录p.23–30——2022年1月，自己通过弟弟商二赠送高某红木家具的方式来抵扣沃尔沃牌汽车置换的差价
    - ④ D 疑似辩点（难点）：
      1.沃尔沃牌汽车置换的差价已通过赠送红木家具的方式来抵扣，但商某所述红木家具在卷宗里没有记载，也没有鉴定。《起诉书》也没有认可这一说法；
      2.没有商二的证人证言；
      3.该笔金额扣除丰田车置换，扣除红木家具后，很可能商某的受贿金额将在300万元以下，但应注意，有部分受贿金额依然属于“为他人谋取职务提拔、调整”的情形
  - 5.商某自书《交代材料》（三份）p.31-38
    - 第一份。时间：2022年6月23日。地点：某武警疗养院。供述：下属高某于2021年8月送过自己6箱茅台酒，2021年2月还帮着置换过一辆沃尔沃牌汽车。自己为其从副所长升职为所长提供了帮助
    - 第二份。时间：2022年6月24日。地点：某武警疗养院。供述：主动交代了2021年5月开始就与高某一起私放走私车辆，收受过高某送给的120万元现金
    - ①④ 疑似辩点：第一、二份的时间是留置之前，地点是在某武警疗养院，据会见时商某陈述，其在被留置前就已经被上级关禁闭，证明是在未被监委采取强制措施时主动供述，应认定为自首

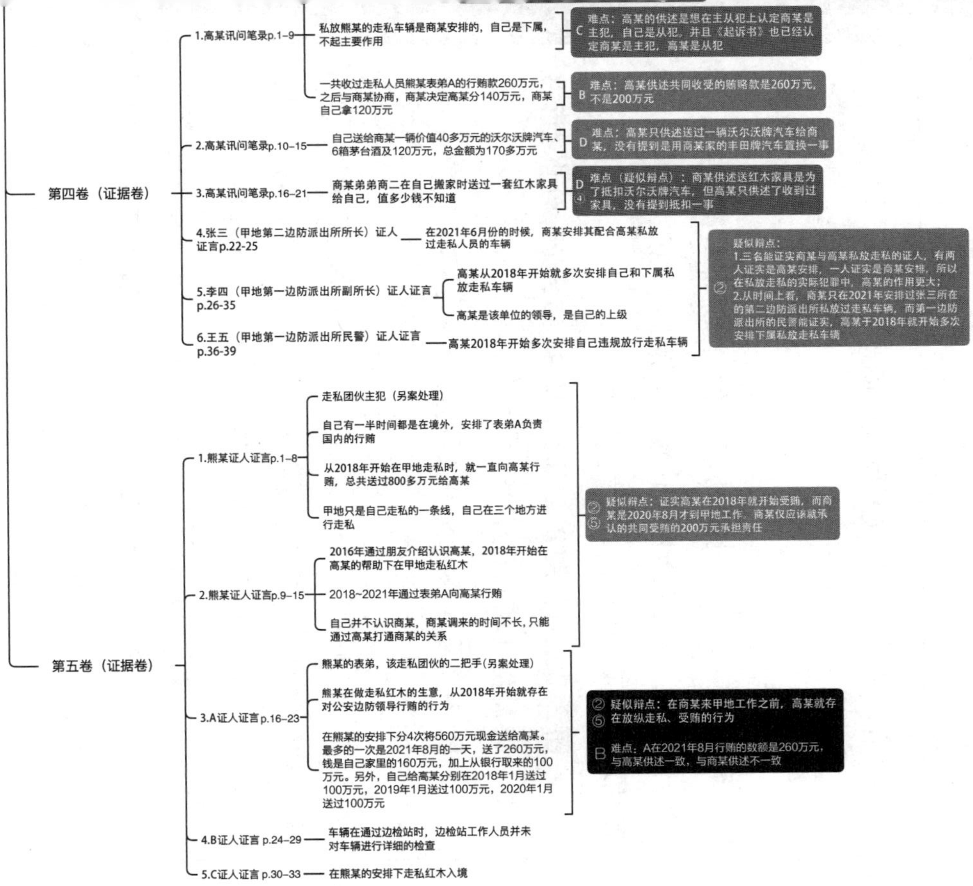

第四卷（证据卷）
1.高某讯问笔录p.1–9
私放熊某的走私车辆是商某安排的，自己是下属，不起主要作用
C 难点：高某的供述是想在主从犯上认定商某是主犯，自己是从犯，并且《起诉书》也已经认定商某是主犯，高某是从犯
一共收过走私人员熊某表弟A的行贿款260万元，之后与商某协商，商某决定高某分140万元，商某自己拿120万元
B 难点：高某供述共同收受的贿赂款是260万元，不是200万元
2.高某讯问笔录p.10–15
自己送给商某一辆价值40多万元的沃尔沃牌汽车、6箱茅台酒及120万元，总金额为170多万元
D 难点：高某只供述送过一辆沃尔沃牌汽车给商某，没有提到是用商某家的丰田牌汽车置换一事
3.高某讯问笔录p.16–21
商某弟弟商二在自己搬家时送过一套红木家具给自己，值多少钱不知道
D ④ 难点（疑似辩点）：商某供述送红木家具是为了抵扣沃尔沃牌汽车，但高某只供述了收到过家具，没有提到抵扣一事
4.张三（甲地第二边防派出所所长）证人证言p.22-25
在2021年6月份的时候，商某安排其配合高某私放过走私人员的车辆
5.李四（甲地第一边防派出所副所长）证人证言p.26-35
高某从2018年开始就多次安排自己和下属私放走私车辆
高某是该单位的领导，是自己的上级
6.王五（甲地第一边防派出所民警）证人证言p.36-39
高某2018年开始多次安排自己违规放行走私车辆
② 疑似辩点：
1.三名能证实商某与高某私放走私的证人，有两人证实是高某安排，一人证实是商某安排，所以在私放走私的实际犯罪中，高某的作用更大；
2.从时间上看，商某只在2021年安排过张三所在的第二边防派出所私放过走私车辆，而第一边防派出所的民警能证实，高某于2018年就开始多次安排下属私放走私车辆
第五卷（证据卷）
1.熊某证人证言p.1–8
走私团伙主犯（另案处理）
自己有一半时间都是在境外，安排了表弟A负责国内的行贿
从2018年开始在甲地走私时，就一直向高某行贿，总共送过800多万元给高某
甲地只是自己走私的一条线，自己在三个地方进行走私
2.熊某证人证言p.9–15
2016年通过朋友介绍认识高某，2018年开始在高某的帮助下在甲地走私红木
2018~2021年通过表弟A向高某行贿
自己并不认识商某，商某调来的时间不长，只能通过高某打通商某的关系
② ⑤ 疑似辩点：证实高某在2018年就开始受贿，而商某是2020年8月才到甲地工作，商某仅应该就承认的共同受贿的200万元承担责任
3.A证人证言p.16–23
熊某的表弟，该走私团伙的二把手(另案处理)
熊某在做走私红木的生意，从2018年开始就存在对公安边防领导行贿的行为
在熊某的安排下分4次将560万元现金送给高某。最多的一次是2021年8月的一天，送了260万元，钱是自己家里的160万元，加上从银行取来的100万元。另外，自己给高某分别在2018年1月送过100万元，2019年1月送过100万元，2020年1月送过100万元
② ⑤ 疑似辩点：在商某来甲地工作之前，高某就存在放纵走私、受贿的行为
B 难点：A在2021年8月行贿的数额是260万元，与高某供述一致，与商某供述不一致
4.B证人证言 p.24–29
车辆在通过边检站时，边检站工作人员并未对车辆进行详细的检查
5.C证人证言 p.30–33
在熊某的安排下走私红木入境

图 2–3

◎◎◎◎

解读：

1. 这是一张商某受贿案的全面的卷宗思维导图，当然，为了方便读者的阅读和理解，该案例是经过简化的，实务中，大量的真实案件要比这个案子复杂得多。

2. 图 2–3 是根据图 2–2，通过阅卷，结合少部分《起诉书》中的内容及会见时发现的问题制作的。

3. 图 2–3 总的顺序就是按照卷宗的顺序进行，细化到每一份证据。

4. 使用“概要”标注“疑似辩点”时，我同时使用了思维导图中的“标记”（①②③④⑤）功能，如果查找到某一个“疑似辩点”与另一个属于同一“疑似辩点”，就标记了相同的数字标记。如查找到的第一卷中的“①”与第三卷中的“①”共同指向了“自首”这一疑似辩点。在实际使用时，还可以为不同的辩点填充不同的颜色，例如，①②③④⑤⑥⑦分别填充红、橙、黄、绿、青、蓝、紫。

5. 同上，在使用“概要”标注“难点”时，我同样使用了思维导图中的“标记”（ABCDE）功能。

6. 重要的卷宗内容，可以把该具体页码进行标注，方便之后查找。

7. 请体会标注时的详略得当技巧，很多新学习这个方法的朋友常犯的一大错误就是大段大段地摘抄。

四、制作“卷宗思维导图”时几种情况的处理

按照卷宗的顺序，一卷接一卷地阅卷，慢慢地会发现下面几种情况。

（一）一些无法解决的猜测发展成为疑似辩点

侦查（调查）机关查办案件是一个动态的过程，而卷宗则是对这个动态过程的记录，一卷接一卷地阅卷就会发现，在前几卷中的假设和猜测，办案机关在查办案件时就已经发现，后面的卷宗会对之前的假设和猜测“答疑解惑”，如果“疑惑”一直都在，则会在全部卷宗阅完后成为疑似辩点。

（二）一部分疑似辩点是由几个假设或怀疑整合而成

有的时候，一个有力的假设和猜测就可以成为一个独立的疑似辩点，而更多的时候，一个疑似辩点是由辩护人在阅卷和会见时查找到的多个假设和猜测共同整合而成。

举例如下：

1. 辩护人在会见犯罪嫌疑人时，对方提到自己关禁闭期间，主动供述了部分犯罪事实。

2. 辩护人在卷宗里找到了立案之前犯罪嫌疑人手写的《交

代材料》。

3. 卷宗里的《立案决定书》《立案通知书》作出的时间是在犯罪嫌疑人手写的《交代材料》之后。

对以上三点进行整合，一个疑似辩点（自首）就从假设和猜测中慢慢成形。

（三）之前查找形成的假设和怀疑被之后的阅卷、会见完全否定

例如，在某个案件中，之前在解构《起诉书》时发现的2013年就结束的案子，在2022年才立案，存在时效问题的猜测，在阅卷后，发现是“连续犯”，所以这个猜测就被否定了。

（四）发现没有无罪辩护的空间

当然，部分案件，还是会因为控方用于指控犯罪的确实、充分的不利证据越来越多，根本不具备无罪辩护的空间，那么这个时候就得琢磨着作罪轻辩护了。

（五）注意查找程序方面的问题

新手常常只关注对实体上辩点的查找，忽视了对程序上辩点的查找。要知道，大的程序问题一旦被辩护人查找到，可能会直接颠覆整个案件的结论。

小的程序问题可能影响不了案件的走势，但有的时候，可以通过程序问题争取案件的辩护空间。比如，二审时发现一审程序不合法，就可以通过打程序违法使案件发回重审，从而为案件多争取一次辩护的机会。

五、制作“卷宗思维导图”时需要注意的地方

1. 卷宗从何而来？是用来干什么的？在阅卷前一定要思考这个问题。**卷宗的核心作用是为了指控犯罪，所以卷宗不是为辩护人准备的，而是为公诉人准备的。**在阅卷之前，一定要清楚地认识到卷宗存在的意义。“尽信卷，不如无卷。”

2. 卷宗同时也是辩护人实现无罪、罪轻辩护的阻碍。不要天真地认为阅完卷就能够找到一个案件的所有辩点。卷宗能够提供的，很多时候仅仅是一些线索。但这些线索会让辩护人产生某种猜测，引起某种怀疑的线索往往非常重要。阅卷的目的之一，就是把这些线索找出来。

3. “难点”是办案机关认为犯罪成立的最为关键的证据，辩护人当然要把这些难点查找出来。实践中新手经常会犯一个错误，就是干了公诉人的活，在查找辩点时大量、全面地查找出入罪的证据。**我们是辩护人，我们查找“难点”仅仅是为了知道办案机关“手上的大牌”有哪些**，所以要标注的仅仅是难点，而不是全部的指控证据。

4. 让辩护人为难的难点，有时是某个关键证人的陈述；有时是被告人自己的供述辩解；有时是一审已经发生效力的有罪判决。这些难点，是控方搭建的“铜墙铁壁”，是一个案件突破口处的“巨石”。**不要害怕难点，不要回避难点。**先找到难点，再看能不能突破这些难点。很多无罪案件之所以能够突破，就是打破了“铜墙铁壁”，移走了“巨石”。**这些难点，从另外一个角度看也可能是颠覆案件的转机。**

5. 第 3 步“制作‘卷宗思维导图’”是整个“辩点闭环四步法”中耗时最多的几个步骤之一，有时一个星期就能完成，有时候则要花上两三个星期，遇到上百本卷宗时，甚至要花上一两个月的时间。大家在进行这一步时不要着急，这一步完成了，之后就会快起来。要防止阅到后面几卷时，才发现前面有遗漏的地方，又得返工。这一步是整个方法中最全面的一次阅卷，最好做到一次过关。

第 4 步：第二遍阅卷

到这里会有一个担心：这么快就完成了第一遍阅卷，会不会有什么遗漏的地方？很好，有这样的担心证明你是一位负责任的律师。对于律师来说，这是远比技能更重要的品质。第二遍阅卷就是为了解决可能存在的遗漏问题。

一、为什么要进行第二遍阅卷

事实上，只阅一遍卷的确是不够的。实践中，确实存在因为只阅一遍卷而遗漏的情况（特别是新手）。在卷宗过多时，还会由于卷宗之间的跨度太大，遗漏需要不同卷宗组合起来看才能发现的疑似辩点和难点，就算经验丰富的律师也可能会出错。无论是哪种情况，一旦出错，就可能会对案件造成不利的后果。

由于我们是按照卷宗的“原有顺序”进行阅卷，不断阅卷的过程也是不断探索、了解卷宗证据的过程。跨度一长，精力分散，首尾不能相顾，也很正常。所以需要在第一遍阅卷的基础上，再详略得当地进行第二遍阅卷。上一遍阅卷应该是下一遍阅卷新闭环的开始，也是这个案件辩护质量螺旋式上升的过程。所以，第二遍阅卷很有必要。

二、第二遍阅卷做什么

第二遍阅卷是在第一遍的基础上，把卷宗全部、完整地再阅一遍。但是这次阅卷有不同于第一遍的侧重点和作用。

1. 带着对第一遍的思考阅卷，完成阅卷的第二次闭环

在进行了第一遍阅卷后，一定会有所思考，有所遗憾，会迫不及待地想在第二遍阅卷时重点查看某个部分，想深入地对某个证据反复阅读、比较、思考。因此第二遍阅卷就是要在第一遍阅卷的基础上，完成阅卷的第二次闭环，**把第一遍的成果作为新认知的起点。**在第二遍阅卷之后，辩护人对卷宗的了解程度会达到一个新的高度，这就是第二遍阅卷的价值。

2. 第二遍阅卷的工作重点是补充、修正第一遍阅卷的错误和不足

第二遍阅卷，也是对第一遍阅卷的查漏补缺，比如，之前没有发现的猜测、假设、难点，特别是之前没太注意的地方，

应该及时补上，不留遗漏。**特别是那些第二遍阅卷时才发现的，让人心里突然“咯噔”一下的地方，常常能有新的启发。**

另外，第二遍阅卷还要对第一遍阅卷时存在的错误进行全面修正，为后面的阶段打下扎实的基础，如文字方面的错误，总结归纳的错误等。

3. 该慢则慢，当快则快

第二遍阅卷，虽然是全面阅卷，但毕竟是在第一遍阅卷的基础上进行的，因为对卷宗有了全面的了解，所以就应该详略得当，该慢则慢，当快则快。遇到需要认真思考、前后卷宗需要对比的地方，就要慢下来，不要怕花费时间。该快的地方就快起来，大概扫上几眼，没有遗漏就行。

三、关于第二遍阅卷常见的几个问题

1. 第二遍阅卷由谁来做?

阅卷，无论是第一遍还是第二遍，当然都可以由同一位律师进行。

在工作实践中，常常是由律师助理协助主办律师阅卷。如果采取传统的做摘要的方式，有的主办律师（出庭律师）只看助手的摘要，往往会存在一个很大的隐患，就是主办律师（出庭律师）的办案质量常常由助手的摘要质量决定。特别是在助手办案经验不足、摘要质量不佳的情况下，办案质量就会出现严重问题。

我的建议是主办律师（出庭律师）自己必须进行一次全面的阅卷。在采用“辩点闭环四步法”时，我的建议是如果有经过训练、能让人放心的助手（这点非常重要）协助阅卷，第二遍阅卷的工作就应该由主办律师（出庭律师）**亲自、全部、独立**完成。这样做有两方面作用，一是主办律师（出庭律师）必须在全面了解卷宗的全部内容后才能更有信心地面对法庭；二是能发现助手阅卷时的不足，防止出现遗漏，并且帮助助手分析、改正遗漏，甚至错误的原因，助手才能成长。

2. 是否还需要第三遍，或者更多遍的阅卷呢？

有的朋友可能会问，两遍阅卷之后，如果还是不放心，还是感觉会有遗漏，是否需要再进行第三遍或者更多遍的阅卷呢？

提出这种问题的绝大部分是新手，因为经验丰富的律师大多在两遍阅卷后就能对卷宗产生“已经足够”的自信和把握。

如果一位新手，认为两遍阅卷之后还是不放心，再来一遍当然也是可以的（如果时间允许）。有时候，对于的确复杂的案件，我也会根据案件及助手的实际情况，在完成两遍阅卷后对于某些重点问题再次进行重复阅卷。

能否在两遍阅卷后就完成阅卷工作，是一名律师衡量自己及助手阅卷能力的“金标准”。根据我培养助理的经验，大部分人能在经历十多个案件的磨炼之后，慢慢地就能找到阅卷的感觉。之后，阅卷的质量就会不断提高，基本上能在两遍阅卷后就圆满地完成阅卷工作。

第 5 步：补充卷宗辩点的不足

查找辩点，卷宗当然是辩点的“富矿”，所以我们要把查找辩点中 70% 的时间和精力都用在阅卷上，但在这个“富矿”里，大部分都是证明当事人有罪、罪重的难点，仅有一小部分“蛛丝马迹”能让你产生怀疑。

我在给助理辅导阅卷技能之前，都会问他们一个问题：**卷宗从何而来？律师会阅卷，难道制作卷宗的人会不知道吗？**在第 3 步里，我详细论述了“卷宗不是为辩护人准备的，而是为公诉人准备的”，所以，“尽信卷，不如无卷”。

钱列阳律师说：“依靠案卷，但不依赖案卷。”卷宗只是你查找辩点的主要途径，是主要，但不是全部。所以，除了卷宗之外，我们还应该把 30% 的时间和精力用于补充查找卷宗辩点的不足。

一、依靠律师自己的办案经验，大胆假设

大家在阅卷时应该发现了，卷宗里，能让你产生怀疑的地方要多于产生假设的地方，这是由卷宗的特质决定的。但是，为了补充卷宗对于查找辩点的先天不足，这个时候，我们要跳出卷宗看案件。要充分发挥自己的主观能动性，依靠辩护人多年的办案经验敢于假设，甚至可以进行“无中生有”的假设，提出一些新的、甚至颠覆性的假设。

只要认真分析一下报道的无罪案例，基本上都能发现一个共同点，这些案子，大部分辩护人都是完全跳出卷宗的束缚，甚至跳出被告人的有罪供述，另辟蹊径，提出了能完全颠覆整个案件的假设，并且通过努力，把这些假设变成了扭转乾坤的辩点。

如果说阅卷的主要工作是为了查找到猜测和难点，那么补充查找卷宗辩点的不足最重要的一项工作就是大胆假设，提出不同于卷宗内容的新观点。

经验丰富的律师能成为好律师，有创造力的律师才能成为大律师。

二、与当事人及相关人员交流，发现新辩点

当事人是事件的亲历者，亲身经历了整个案件的办理，是

全案唯一走完所有程序的人，他用朴素的观点本能地为自己辩解的理由，有时候更客观、可行，这些当然应该成为辩护人查找辩点的一个重要来源。

很多年轻律师经常犯的一个错误，就是看完卷宗之后，如果发现自己的当事人在卷宗里作了有罪供述，往往也会跟着作有罪推定，认为案件已经失去了大部分辩护空间，从而过早放弃无罪辩护，接下来只是走走程序。

这是不对的！我们且不说无罪，即便在已经构成犯罪的情况下，诸如当事人的犯罪动机（如酒驾的原因是为了送生病的家人上医院），被害人是否有过错等都能成为罪轻辩护的辩点。然而，这些情况当事人自己有时是想不到的，而且卷宗里往往也并无记载。在任何情况下，辩护人都应该对自己的当事人不抛弃、不放弃。

当事人是事件的亲历者，但并不是全部事件的亲历者，在办案的过程中我经常发现，当事人的亲属（如妻子）、同事（如公司的会计、助理）对案件的部分情况了解得更加清楚，这些人以及他们提供的材料，也是我们产生新假设、新怀疑的重要来源。

律师应该是天生的怀疑者，即便已经构成犯罪，实体上没有问题，如果程序上不合法也是律师应当发现的辩点。

所以，多与自己的当事人及当事人的亲属、同事交流，看看他们手上有些什么材料，听听他们对这个案件的看法，他们很多人非常有智慧，常常会带来意外的惊喜。

三、从法律规定、法学理论中找到新辩点

法律规定，法学理论是刑事辩护的大前提。可以说，对法律规定掌握得越全面越深刻，对法学理论学习得越深入，就越能发现别人发现不了的辩点。

例 1：在实务中，有的国家工作人员出于贪污、受贿的故意，在非法占有公共财物、收受他人财物之后，将赃款赃物用于单位公务支出的情况。如果查阅了《最高人民法院、最高人民检察院关于办理贪污贿赂刑事案件适用法律若干问题的解释》就会发现，这种情况不影响贪污罪、受贿罪的认定，但量刑时可以酌情考虑。这就产生了一个量刑方面的辩点。

例 2：《刑法》第 237 条规定，“以暴力、胁迫或者其他方法强制猥亵他人”的，构成强制猥亵罪。《刑法修正案（九）》将“强制猥亵妇女”修改成了“强制猥亵他人”，这意味着男性也可以成为强制猥亵犯罪的受害人。如果强行把手伸进衣服里抠摸女性的胸部，构成强制猥亵罪问题不大，但如果强行把手伸进衣服里抠摸成年男性的胸部，恐怕《治安管理处罚法》也难以处理，原因就在于对“猥亵”的解释。一般

而言，对男性性羞耻心的侵犯，相对女性而言其违法性程度较低。所以，同样的行为，根据对“猥亵”行为的理解，就能形成在猥亵成年男性时无罪辩护的辩点。

四、几点说明

1.“补充卷宗辩点的不足”虽然是在第5步，但这个顺序只是一个标准流程，在实践中肯定会和会见、与当事人家属交流等工作交叉进行。所以，如果在会见及与当事人家属的交流中产生了灵感，就应该马上记录下来，在本步中补充进去。

2.补充查找到的疑似辩点可以直接插入“卷宗思维导图”的相应卷宗位置，用特殊的颜色注明即可。如果有一个很大胆、很宏大的假设，也可以在“卷宗思维导图”中开出一个“自由主题”，方便整合信息，自由思考。

3.实在找不到就放一放。绝大部分案子并不是那么急。实在找不到好辩点，就像语文考试一样，先把作文题目看一眼，然后放到一边先做别的。大脑很神奇，初看时可能没有头绪，但到最后要写时，自然会有“灵感”。案件处理有时也一样。

4.事实上，不可能有一本书是穷尽归纳所有的辩点的，也不可能有一位刑辩律师可以声称自己的辩护技能不用再学习。所以，学习得越多，辩点也就越多；学习得越深入，辩点也才能用得越好。

第 6 步：制作“控方思维导图”

通过解构办案机关的“结论”（第 2 步），我们制作了“解构‘结论’思维导图”，再加上两次阅卷（第 3 步、第 4 步）时在“卷宗思维导图”中对“难点”的标注，现在，我们应该对控方（广义理解为公诉机关 + 侦查机关 + 一审法院）的结论以及支撑其结论的相应证据、法律依据都有了一个从整体到局部、再到细节的全面掌握。在本步，就是把这些对“难点”的思考整理、总结出来，制作成“控方思维导图”，帮助辩护人全面掌握控方的指控思路和相应证据。

一、如何制作“控方思维导图”

我们在第 2 步制作了解构办案机关的“解构‘结论’思维导图”，将办案机关的《起诉意见书》《起诉书》《判决书》中用于指控构成某罪的“认定事实”作了最小化的解构。

制作“控方思维导图”，就是在第 2 步解构办案机关的“解构‘结论’思维导图”的基础上，按照控方的指控思路把第 3 步、第 4 步阅卷时查找出的“难点”添加、整合到“解构‘结论’思维导图”中，**从而制作出一张既有控方意见，又有支撑其意见相应证据的“控方思维导图”。**

如果在第 2 步中制作了多份“解构‘结论’思维导图”，那么在本步，**我们只选用根据目前最新办案程序机关结论制作的“解构‘结论’思维导图”来作为蓝本。**如果案件目前在一审阶段，就选用解构《起诉书》制作的“解构‘结论’思维导图”，如果在二审阶段，就选用解构一审《判决书》结论制作的“解构‘结论’思维导图”制作“控方思维导图”。当然，对于之前各方的“结论”，也要在简单归纳后加进去。见图 2-4。

解读：

这里主要提示一点，标注控方思维导图中的难点，不是让大家制作公诉人使用的用于指控犯罪的类似《审查报告》的思维导图，只需要把控方最为核心的用于指控的观点及证据标注出来即可。

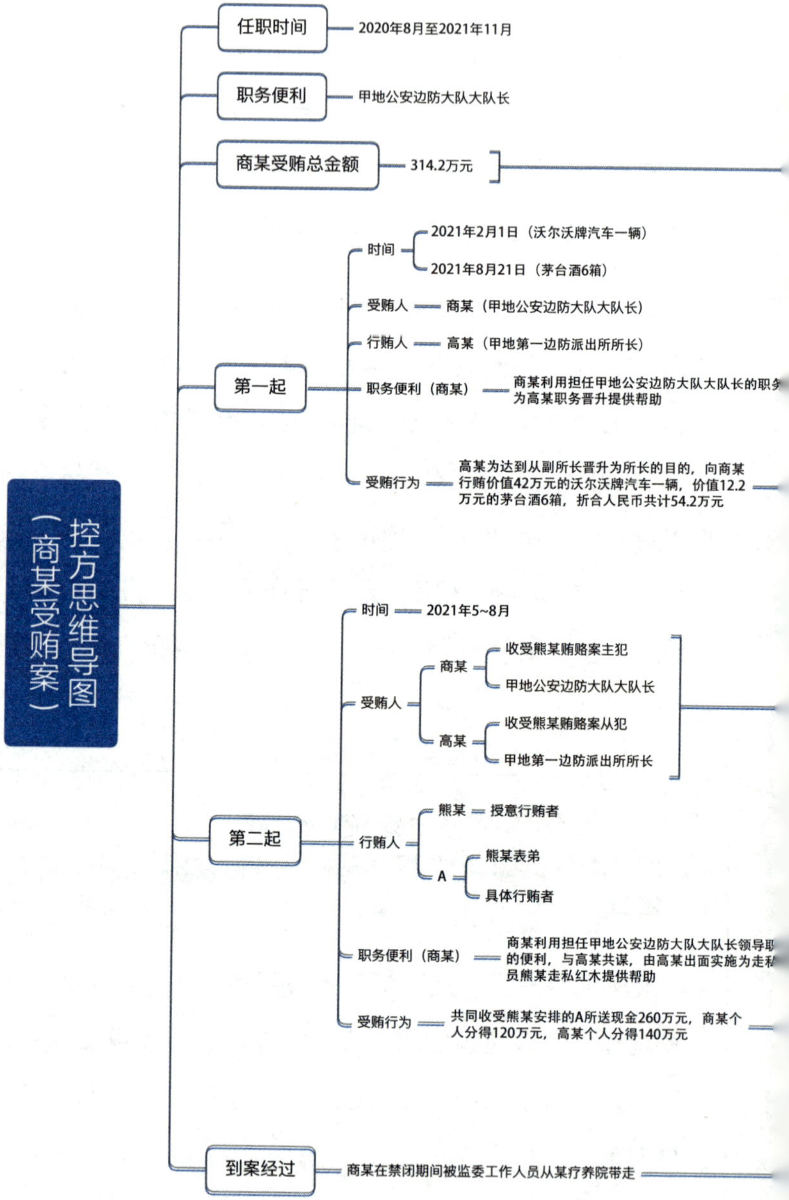
控方思维导图（商某受贿案）
任职时间
2020年8月至2021年11月
职务便利
甲地公安边防大队大队长
商某受贿总金额
314.2万元
第一起
时间
2021年2月1日（沃尔沃牌汽车一辆）
2021年8月21日（茅台酒6箱）
受贿人
商某（甲地公安边防大队大队长）
行贿人
高某（甲地第一边防派出所所长）
职务便利（商某）
商某利用担任甲地公安边防大队大队长的职
为高某职务晋升提供帮助
受贿行为
高某为达到从副所长晋升为所长的目的，向商某行贿价值42万元的沃尔沃牌汽车一辆，价值12.2万元的茅台酒6箱，折合人民币共计54.2万元
第二起
时间
2021年5~8月
受贿人
商某
收受熊某贿赂案主犯
甲地公安边防大队大队长
高某
收受熊某贿赂案从犯
甲地第一边防派出所所长
行贿人
熊某
授意行贿者
A
熊某表弟
具体行贿者
职务便利（商某）
商某利用担任甲地公安边防大队大队长领导
的便利，与高某共谋，由高某出面实施为走
员熊某走私红木提供帮助
受贿行为
共同收受熊某安排的A所送现金260万元，商某个人分得120万元，高某个人分得140万元
到案经过
商某在禁闭期间被监委工作人员从某疗养院带走

图 2-4

- 难点
  - 300万元以上，10年以上

- 难点
  - 高某只供述送过一辆沃尔沃牌汽车给商某，没有提到是用商某家的丰田牌汽车置换一事（第四卷p10-15）
  - 商某供述送红木家具是为了抵扣沃尔沃牌汽车，但高某只供述了收到过家具，没有提到抵扣一事（第四卷p16-21）
  - 沃尔沃牌汽车置换的差价已通过赠送红木家具的方式来抵扣，但商某所述红木家具在卷宗里没有记载，也没有鉴定。《起诉书》也没有认可这一说法（第三卷p23-30）
  - 没有商二的证人证言
  - 有部分受贿金额依然属于“为他人谋取职务提拔、调整”的情形

- 难点
  - 高某的供述是想在主从犯上认定商某是主犯，自己是从犯。并且《起诉书》也已经认定商某是主犯，高某是从犯（第四卷p1-9）

- 难点
  - 《起诉书》认定商某与高某是共同犯罪，共同受贿的数额为260万元（第四卷p1-9）
  - 高某供述共同收受的贿赂款是260万元，不是200万元（第四卷p1-9）
  - A在2021年8月行贿的数额是260万元，与高某供述一致，与商某供述不一致（第五卷p16-23）

- 难点
  - 《起诉书》没有认定自首，《到案经过》也没有认定主动投案
  - 会见商某时，商某陈述是单位纪委书记夏某通知自己到某武警疗养院，但是没有夏某的证人证言
  - 没有就关禁闭的相关情况进行说明，没有认定主动投案（第一卷p12-13）

二、“控方思维导图”的作用

1. **制作“控方思维导图”，是辩护人站在控方的角度进行思考，了解控方的目的、意见、进攻路线图以及“军火库”，拆解控方证据的过程。**

2. **“控方思维导图”是对控方证据链的一次大检查。**制作“控方思维导图”，能够全面分析控方的证据是否达到事实清楚，证据确实、充分的法定标准。我发现，部分辩护人在论证“事实不清，证据不足”时，往往过于空洞，只是简单指出控方“事实不清，证据不足”，而没有明确指出到底哪些用于指控的证据是“无据可查”的，控方证据的漏洞、瑕疵到底在哪里？

3. “控方思维导图”是对难点的一次整理，同时也会获得新的启发，很多时候会在整理“控方思维导图”时提出新的假设，产生新的猜测。

三、需要注意的地方

1. 制作控方思维导图时，可以把“控方思维导图”（选用一份“解构‘结论’思维导图”作为蓝本）和“卷宗思维导图”同时打开，把“卷宗思维导图”里的难点直接复制（注意不是剪切）到“解构‘结论’思维导图”中合适的位置即可。

2. 如果是两名辩护人协同工作，可以让其中一人做“控方思维导图”（第 6 步），另一个人做“疑似辩点思维导图”（第 7 步），避免一个人左右互搏，思维受限。

3. 在制作之前特别提醒一下，“控方思维导图”是在选用的一份“解构‘结论’思维导图”的副本基础上制作的，原版的“解构‘结论’思维导图”还是要保留，以后可能会用得到。上面提到的是复制不是剪切“卷宗思维导图”中的“难点”也是同样的道理。

第 7 步：制作“疑似辩点思维导图”

什么是“疑似辩点”？

“疑似辩点”是对前面步骤中发现的假设和猜测所做的归纳和整理，是尚未经过验证的辩点，我把这样的辩点称为“疑似辩点”。

查找阶段的核心工作之一，就是找出一个案件的“疑似辩点”，并且制作“疑似辩点思维导图”。这是整个查找步骤的最后一步，也是这一阶段最重要的阶段性成果。

一、如何制作“疑似辩点思维导图”

1.“疑似辩点思维导图”是在之前第 3 步、第 4 步、第 5 步制作完成的“卷宗思维导图”的基础上进行的。这里特别提醒，**一定要保留一份“卷宗思维导图”的原始版本存档备用，用复制的副本制作“疑似辩点思维导图”**。因为之前按卷宗顺序制作的“卷宗思维导图”是很重要的**卷宗“地图”**，之后很多时候都用得到，特别是出庭的时候要带上，方便查阅。

2. 准备好之后，在屏幕的左边打开“卷宗思维导图”，右边新建一张空白的思维导图，命名为“疑似辩点思维导图”。**制作“疑似辩点思维导图”的过程就是把左边各卷查找出来的假设和猜测剪切、归纳到右边一个统一的辩点之下**，如图 2–5 和图 2–6 所示。

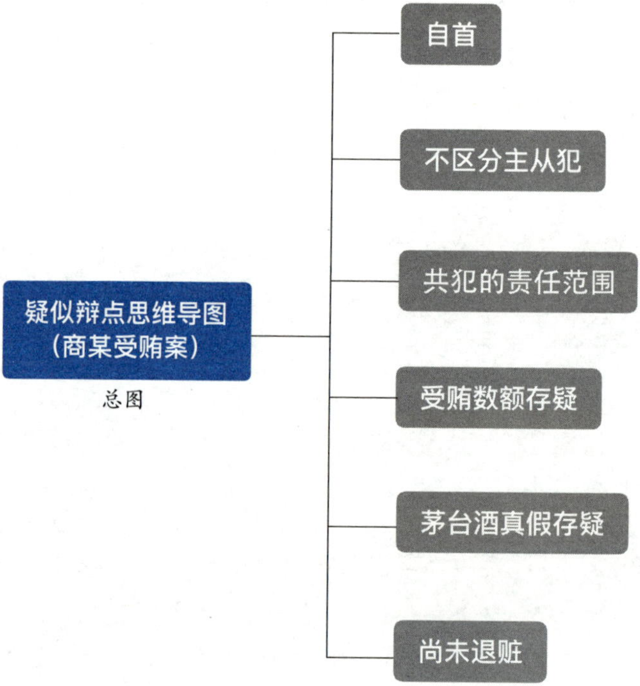

图 2-5

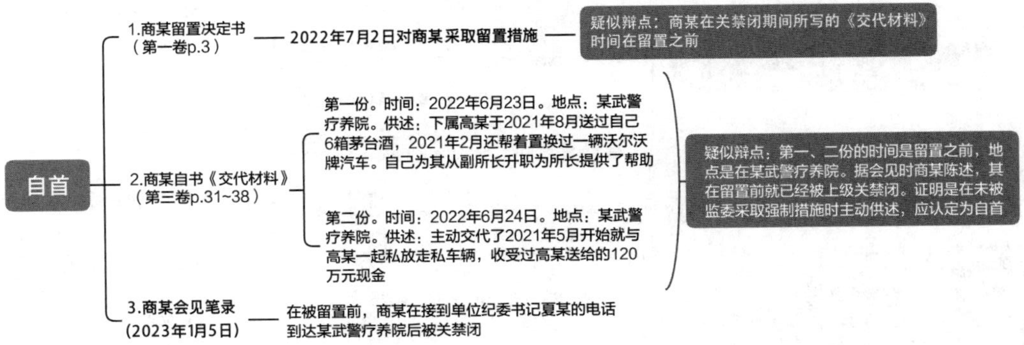
自首
1.商某留置决定书
（第一卷p.3）
2022年7月2日对商某采取留置措施
疑似辩点：商某在关禁闭期间所写的《交代材料》时间在留置之前
2.商某自书《交代材料》
（第三卷p.31~38）
第一份。时间：2022年6月23日。地点：某武警疗养院。供述：下属高某于2021年8月送过自己6箱茅台酒，2021年2月还帮着置换过一辆沃尔沃牌汽车。自己为其从副所长升职为所长提供了帮助
第二份。时间：2022年6月24日。地点：某武警疗养院。供述：主动交代了2021年5月开始就与高某一起私放走私车辆，收受过高某送给的120万元现金
疑似辩点：第一、二份的时间是留置之前，地点是在某武警疗养院。据会见时商某陈述，其在留置前就已经被上级关禁闭。证明是在未被监委采取强制措施时主动供述，应认定为自首
3.商某会见笔录
（2023年1月5日）
在被留置前，商某在接到单位纪委书记夏某的电话到达某武警疗养院后被关禁闭

（a）

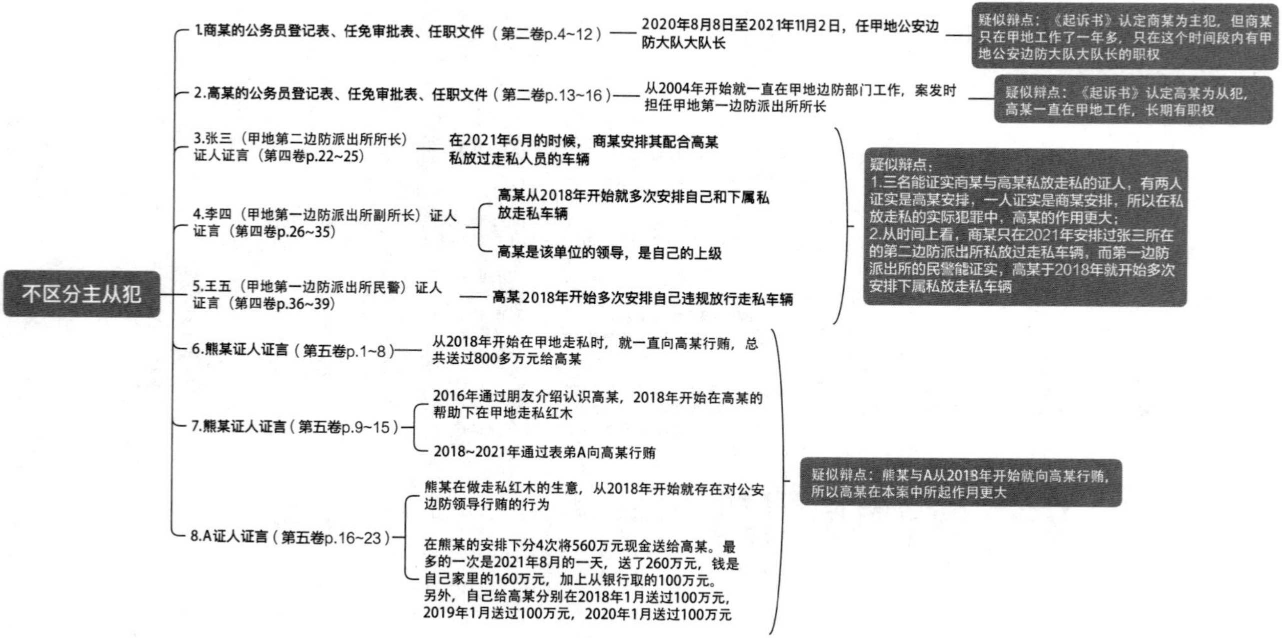

不区分主从犯
1.商某的公务员登记表、任免审批表、任职文件（第二卷p.4~12）
2020年8月8日至2021年11月2日，任甲地公安边防大队大队长
疑似辩点：《起诉书》认定商某为主犯，但商某只在甲地工作了一年多，只在这个时间段内有甲地公安边防大队大队长的职权
2.高某的公务员登记表、任免审批表、任职文件（第二卷p.13~16）
从2004年开始就一直在甲地边防部门工作，案发时担任甲地第一边防派出所所长
疑似辩点：《起诉书》认定高某为从犯，高某一直在甲地工作，长期有职权
3.张三（甲地第二边防派出所所长）证人证言（第四卷p.22~25）
在2021年6月的时候，商某安排其配合高某私放过走私人员的车辆
4.李四（甲地第一边防派出所副所长）证人证言（第四卷p.26~35）
高某从2018年开始就多次安排自己和下属私放走私车辆
高某是该单位的领导，是自己的上级
5.王五（甲地第一边防派出所民警）证人证言（第四卷p.36~39）
高某2018年开始多次安排自己违规放行走私车辆
疑似辩点：
1.三名能证实商某与高某私放走私的证人，有两人证实是高某安排，一人证实是商某安排，所以在私放走私的实际犯罪中，高某的作用更大；
2.从时间上看，商某只在2021年安排过张三所在的第二边防派出所私放过走私车辆，而第一边防派出所的民警能证实，高某于2018年就开始多次安排下属私放走私车辆
6.熊某证人证言（第五卷p.1~8）
从2018年开始在甲地走私时，就一直向高某行贿，总共送过800多万元给高某
7.熊某证人证言（第五卷p.9~15）
2016年通过朋友介绍认识高某，2018年开始在高某的帮助下在甲地走私红木
2018~2021年通过表弟A向高某行贿
8.A证人证言（第五卷p.16~23）
熊某在做走私红木的生意，从2018年开始就存在对公安边防领导行贿的行为
在熊某的安排下分4次将560万元现金送给高某。最多的一次是2021年8月的一天，送了260万元，钱是自己家里的160万元，加上从银行取的100万元。另外，自己给高某分别在2018年1月送过100万元，2019年1月送过100万元，2020年1月送过100万元
疑似辩点：熊某与A从2018年开始就向高某行贿，所以高某在本案中所起作用更大

（b）

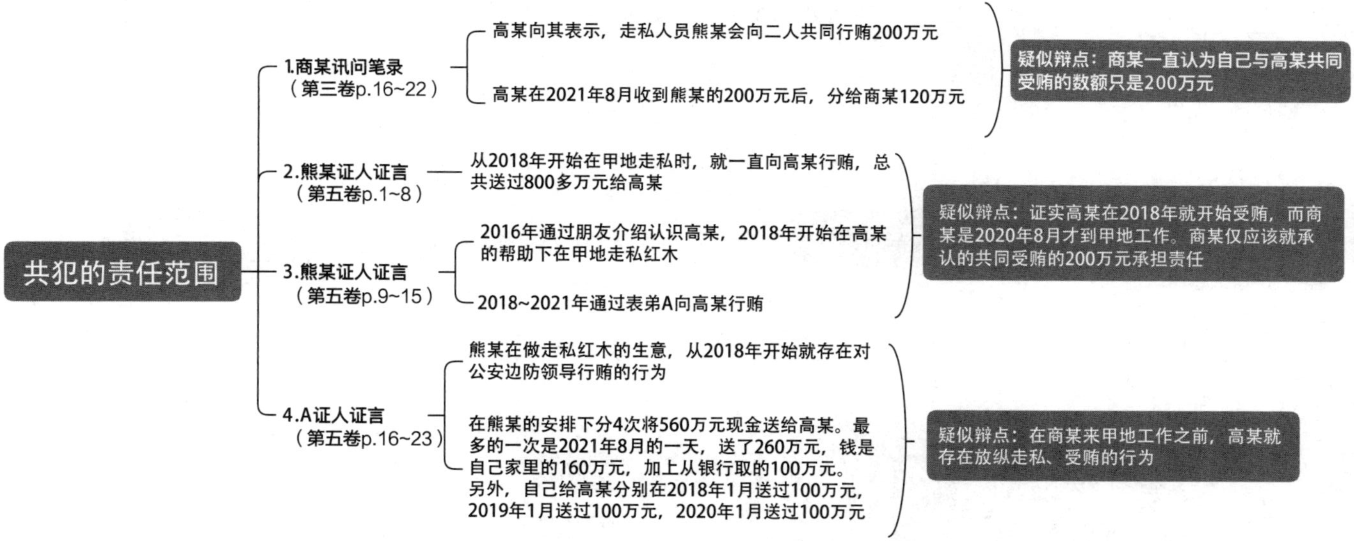

共犯的责任范围
1.商某讯问笔录（第三卷p.16~22）
高某向其表示，走私人员熊某会向二人共同行贿200万元
高某在2021年8月收到熊某的200万元后，分给商某120万元
疑似辩点：商某一直认为自己与高某共同受贿的数额只是200万元
2.熊某证人证言（第五卷p.1~8）
从2018年开始在甲地走私时，就一直向高某行贿，总共送过800多万元给高某
3.熊某证人证言（第五卷p.9~15）
2016年通过朋友介绍认识高某，2018年开始在高某的帮助下在甲地走私红木
2018~2021年通过表弟A向高某行贿
疑似辩点：证实高某在2018年就开始受贿，而商某是2020年8月才到甲地工作。商某仅应该就承认的共同受贿的200万元承担责任
4.A证人证言（第五卷p.16~23）
熊某在做走私红木的生意，从2018年开始就存在对公安边防领导行贿的行为
在熊某的安排下分4次将560万元现金送给高某。最多的一次是2021年8月的一天，送了260万元，钱是自己家里的160万元，加上从银行取的100万元。另外，自己给高某分别在2018年1月送过100万元，2019年1月送过100万元，2020年1月送过100万元
疑似辩点：在商某来甲地工作之前，高某就存在放纵走私、受贿的行为

（c）

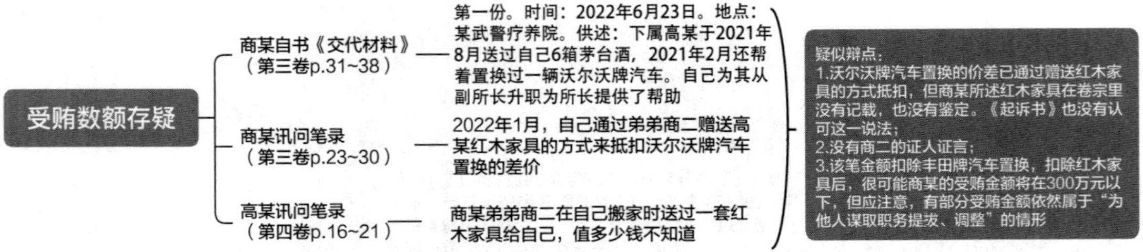
受贿数额存疑
商某自书《交代材料》（第三卷p.31~38）
第一份。时间：2022年6月23日。地点：某武警疗养院。供述：下属高某于2021年8月送过自己6箱茅台酒，2021年2月还帮着置换过一辆沃尔沃牌汽车。自己为其从副所长升职为所长提供了帮助
商某讯问笔录（第三卷p.23~30）
2022年1月，自己通过弟弟商二赠送高某红木家具的方式来抵扣沃尔沃牌汽车置换的差价
高某讯问笔录（第四卷p.16~21）
商某弟弟商二在自己搬家时送过一套红木家具给自己，值多少钱不知道
疑似辩点：
1.沃尔沃牌汽车置换的价差已通过赠送红木家具的方式抵扣，但商某所述红木家具在卷宗里没有记载，也没有鉴定。《起诉书》也没有认可这一说法；
2.没有商二的证人证言；
3.该笔金额扣除丰田牌汽车置换，扣除红木家具后，很可能商某的受贿金额将在300万元以下，但应注意，有部分受贿金额依然属于“为他人谋取职务提拔、调整”的情形

（d）

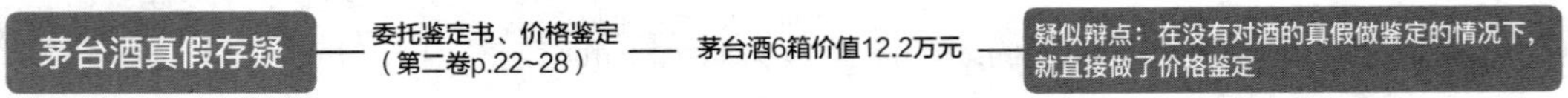
茅台酒真假存疑
委托鉴定书、价格鉴定（第二卷p.22~28）
茅台酒6箱价值12.2万元
疑似辩点：在没有对酒的真假做鉴定的情况下，就直接做了价格鉴定

（e）

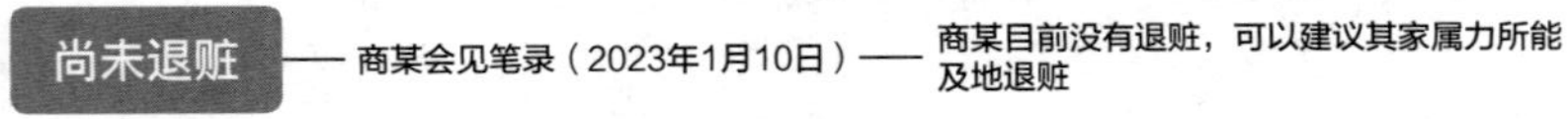
尚未退赃
商某会见笔录（2023年1月10日）
商某目前没有退赃，可以建议其家属力所能及地退赃

（f）

图 2-6

◎◎◎◎

解读：

1.“归纳”时还需要把会见时查找出的疑似辩点也一起归纳到“疑似辩点思维导图”中，如图2–6（a）“自首”中的第3点。

2. 卷宗里没有查找到的疑似辩点也要归纳到“疑似辩点思维导图”中，如图2–6（f）“尚未退赃”。

3. 如果某一证据可以同时用于两个或以上疑似辩点，那么可以复制两份，归纳到不同的疑似辩点项下，如图2–6（b）（c）“熊某的证人证言”“A的证人证言”。

二、几点说明

1. 使用这个方法需要同时打开两张思维导图，从“卷宗思维导图”中剪切内容到“疑似辩点思维导图”中，**注意是剪切不是复制粘贴**，因为使用剪切能更直观地看到“卷宗思维导图”中哪些假设、猜测已经被归纳，哪些还没有，思维会更加清晰。

2. 整个查找步骤最主要的作用就是找出假设、猜测以及难点。难点已经归入“控方思维导图”中。制作“疑似辩点思维导图”的目的就是对假设和猜测进行归纳。

3.“归纳”是本步工作的重点。假设、猜测散落在卷宗里，隐藏在会见中，**归纳就是用一根线把这些“珍珠”串起来。**

4. 归纳完成后，就会发现，**这些疑似辩点中，有的内容多，有的内容少，还有的可能只有一个点。**不必担心，要清楚地知道，能从卷宗、会见中查找到的大部分假设、猜测目前只是疑似辩点，是不可能直接运用到辩护中的。

5. 归纳完成之后，可以发现，有一部分疑似辩点现在就可以作出判断，这些疑似辩点并不是真正的辩点。这个也不必担心，目前的工作是查找，只要找出来，归纳好就行，至于能不能用，还得经过“验证”等步骤的筛选。查找步骤是对辩点的“海选”，海选的核心就是一个“海”字，数量要足够多。

6. **衡量疑似辩点的标准是“凑合就行”，先放上去，“宁滥毋缺”**。为什么要“宁滥毋缺”？因为办案的过程还在继续，不能过早地下结论。有时候在查找环节认为“根本不可能”成立的疑似辩点可能由于之后某一证人的突然翻证，某一关键书证的出现，甚至各种莫名其妙的原因，发生翻天覆地的变化。

7. 第 6 步和第 7 步的工作如果是一个人完成，顺序是不能互换的，必须按标准步骤进行。因为在制作“控方思维导图”时产生的一些新灵感或者发现的一些新问题，能够在制作“疑似辩点思维导图”时产生更深刻、更成熟的思考。

验　证

从疑似辩点到准辩点，是第二大步验证要做的工作。

验证，就是用一些方法反复推演、检验，确定之前查找出的疑似辩点能不能用，在法律上、证据上是否可行的一个步骤。最后，剔除验证不了的辩点，留下通过验证的辩点。

验证的目标是完成辩点的闭环。辩点的闭环，简单地讲就是能够自圆其说，或者再进一步讲，就是律师的辩护意见事实清楚，证据确实、充分，能够形成合理怀疑。

第 8 步：对疑似辩点进行初步筛选

在查找步骤中，衡量疑似辩点的标准是“凑合就行”，先放上去，“宁滥毋缺”。这是因为查找是对辩点的“海选”，要想“海选”，就得数量足够多。

到了验证步骤，一开始要做的就是对疑似辩点进行初步筛选，**之所以不在之前就边查找边筛选，是因为查找的过程是动态的、递进的，查找出的疑似辩点只有放在同一标准下进行比较才能准确。**

一、好好看看这张“疑似辩点思维导图”

验证疑似辩点，要从宏观到微观。不要一上来就从第一个疑似辩点开始验证，我的工作习惯是把“疑似辩点思维导图”打印出来。这张图往往非常大，要到专业的图文店打印，打印时不要过于缩小，要清晰，要方便用笔在旁边标注。如果一张不够，就分成两三张打印。没条件打印时，也要用一台大的显示器显示（不要用笔记本电脑，屏幕大小，会影响宏观思路）。

打印出来后，我会把这张图如地图一样挂在墙上。从宏观、整体的视角观察，思考、评估整件案子，而不被一些案件的细枝末节所影响。这种俯瞰的视角能够对案件的整体情况形成宏观的把控，对战略思考非常重要。

好好看看这张图，是对疑似辩点进行初步筛选前必须完成的工作。如果看的时候产生了什么想法或者疑问，可以直接用笔在上面进行标注。

二、筛选掉“一眼就能看出来用不了”的疑似辩点

第 8 步，要做的是完成从之前的“海选”到“大名单”的过程。

好好看过“疑似辩点思维导图”后，正式对疑似辩点进行初步筛选，这项工作就是把那些一眼就能看出来的有特别大硬伤的，没有回旋余地的，根本没有必要进入下一步骤的疑似辩点筛选掉。

至于哪些应该筛选掉，哪些不应该，就是考验一位刑辩律师“火候”的时候了。

三、留下基本能用和"等我再想想"的疑似辩点

我再重复一遍，"卷宗不是为辩护人准备的，而是为公诉人准备的"。无论是阅卷还是会见，绝大多数时候，卷宗只能为辩护人提供辩点的线索。

有的疑似辩点"一眼就能看出来"用不了，而有的疑似辩点"一眼就能看出来"基本能用，这些并不费事。真正让辩护人为难、纠结的往往是存在下面这些问题的"等我再想想"的疑似辩点。

1. 这种情况法律规定得并不明确，需要辩护人翻翻书，查查相关论文。

2. 如果找到某份证据，那么这个案子就不构成犯罪或者罪轻了。

3. 我记得有一个案例，就是这种情况，等我找来看看。

等等。

对疑似辩点进行初步筛选，就是要留下基本能用的疑似辩点，以及类似上述"等我再想想"的疑似辩点。这些疑似辩点才是值得之后花时间从法律到证据，从理论到实践，从庭前到庭上多角度揣摩的辩点，才是体现优秀辩护人价值的地方。

第 9 步：让疑似辩点“有法可依”

我在第 1 步“做好准备工作”中就提到过，在开始阅卷前应该把本案所涉罪名的相关法律、法规，重新、仔细地读一遍。当时让大家重读法条的原因，也是希望大家从一开始就带着依据思维阅卷，因为很多辩点就是直接从法律规定中产生的。

法律规定是刑事辩护的一个大前提，一个疑似辩点能否成为真正的辩点，必须要过“有法可依”这一关，验证其在法律上有辩护空间，至少没有被完全否定，那么这个疑似辩点才基本可以使用。

由于法律的滞后性，法律疑难问题的法理争议，不同法律人就同一法律问题存在认知、理解上的不同，从而也在一定程度上形成了我们辩护的空间。

一、大部分错误源于自己法律知识的匮乏

很多“等我再想想”的疑似辩点，一翻开刑法工具书，一

看指导案例，一查法学家的著作就会发现，这些我们自以为的疑似辩点其实已经有了明确的法律规定，或者已经被相关指导案例明确过认定标准，再或者已经在理论界没有争议。并且，这些均与辩护人想要达到的辩护目的相反，因此该疑似辩点验证失败。

疑似辩点验证失败是非常正常的事情，特别是对新手来说，很多在查找步骤认为可以成立的疑似辩点，其实根本经不起验证。造成这种错误的原因基本上都是由于法律知识储备的不足（基本功不扎实）及办案经验的不足。

律师从新手到熟手，再从熟手再到高手，本来就是一个不断自我否定，不断成长的过程。一个疑似辩点，在这个案件中被否定，在下一个案件中就会知道正确的是什么。不要气馁，我们每个人都是这么过来的。

对于律师来说，办案是最好的学习，办案是最好的修行。

最可怕的不是自我否定，而是“迷之自信”，我常常见到有些辩护人把在法律上根本站不住脚的所谓辩点直接在法庭上使用而不自知。

二、留下“在法律上能自圆其说”，基本闭环的辩点

法律规定是验证闭环的大前提，让辩点有法可依，就是辩

点不能被法律规定、指导案例及在理论界没有争议的观点否定，不能没有任何辩护空间。

这一步，一定要克服完美主义。让辩点有法可依，并不是需要大家解决某个准辩点在法律依据上存在的所有问题，而是验证这个辩点在法律这个大前提（法律、案例、理论）内有没有辩护的空间。**对于辩护人来说，只要有空间就值得一试。**

所以，第 9 步让疑似辩点“有法可依”的标准是，“在法律上能自圆其说”，基本形成闭环。

三、注意对程序法的验证

辩点有实体法方面的辩点，也有程序法方面的辩点。在验证环节，对于查找出的程序方面的疑似辩点也应进行验证。

这里要特别提示一下，程序上的疑似辩点在很多时候应该结合第 10 步（让疑似辩点“有据可查”）同步进行。例如，违反回避制度是一审违法须发回重审的情况之一，这个辩点就需要从两个方面进行同时验证：一是回避制度的相关程序法律规定；二是违反回避制度的相关证据。

四、发现依据上的漏洞或难点怎么办

这里我们必须清楚地认识到，有很多虽然通过了本步验证，

"在法律上能自圆其说"，基本闭环的辩点，其实是存在诸多问题的，这些辩点，无论是在法律依据上，还是在法学理论上都显单薄，经不起公诉人和法庭的质疑。

不用担心，通过验证的这些准辩点当然要想办法弥补依据上的漏洞，这就是强化步骤中要做的工作。

第 10 步：让疑似辩点“有据可查”

为什么假设、猜测不是辩点？因为假设和猜测与辩点最大的区别是，是否有证据作为支撑。

我们注意到，刑事诉讼法对公安机关、监察机关移送检察院审查起诉的标准是“犯罪事实清楚，证据确实、充分”。检察机关提起公诉的标准也是“犯罪事实已经查清，证据确实、充分”。法院作出有罪判决的标准同样是“案件事实清楚，证据确实、充分”。可见，**事实清楚，证据确实、充分，是公检法、监察委认定刑事案件是否构成犯罪的“金标准”。**既然如此，辩护人查找出的疑似辩点要想在刑事案件中成为真正的辩点，当然也要符合事实清楚，证据确实、充分这一“金标准”。

验证环节，正是按照这一标准对疑似辩点是否有据可查，是否有证据上的“硬伤”进行验证。

由于法律事实与客观事实存在重大区别，不同法律人就同一证据证明标准的认知、理解上存在不同，这些区别与不同也正是我们辩护的空间。

一、重视对证据分析能力的学习和培养

在我国，刑事证据的相关法律规定只是刑事诉讼法中的一个组成部分。但是对于辩护人来说，刑事证据法的知识真的太重要了！从刑事辩护实务的角度，我甚至认为，应该独立出来，放在与刑法、刑诉法同等重要的位置上。

对证据法学的掌握，对具体证据的分析能力是辩护人的一项核心技能。**这里强调一点，证据分析技能是需要专门学习、培训的，如果有可能，最好有好老师系统地进行教学，手把手地指导。**

很多时候，证据分析关联到法医学、会计学等诸多学科，如果单靠辩护人的知识无法完成验证时，最好向相关专业人士请教。

证据分析能力和取证能力是不同的，在这一步，一般只进行书面的证据分析，暂时不需要取证。

二、让辩点“有据可查”的立与破

对于辩护人来说，让辩点有据可查，包含两个方面的内容。

一是构建证明辩护人辩点成立的证据体系，这叫立。如证实案发时被告人不在犯罪现场的证据。

二是证明案件事实不清，证据不确实、不充分，不能排除合理怀疑的证据，这叫破。例如，在行受贿案件中，找到一份证明双方之间存在借贷关系的借条。

这两方面疑似辩点都需要验证。

三、留下“在证据上能勉强证明”，基本闭环的辩点

证据是法律之王，很多冤假错案得以平反，不是因为发现了什么法律适用的错误，而是出现或者找到了某份重要的证据。

让辩点有据可查，就是在证据上验证疑似辩点，看看疑似辩点是否有相应证据进行支撑。

同样，这一步也需要克服完美主义。**只要控方的证据有瑕疵，不能完美闭环，就代表有空间，我们就可以试一试。**只要证明疑似辩点的证据能够基本闭环，我们就应该把它保留下来，待下一步继续强化。

所以，第 10 步让疑似辩点“有据可查”的标准是，“在证据上能勉强证明”，基本闭环。

四、发现依据上的漏洞或难点怎么办

让疑似辩点“有据可查”是验证疑似辩点的一个步骤，我们虽然同样以事实清楚，证据确实、充分作为辩点的证明标准，但是在验证环节，只可能有少部分疑似辩点在证据上达到这一标准，对于绝大部分疑似辩点来说，能够支撑辩点的证据常常“缺斤少两”，还远远达不到这一标准。

这种情况非常正常，因为“卷宗不是为辩护人准备的，而是为公诉人准备的”。在验证环节，我们仅需要“在证据上能勉强证明”就行，不需要 90 分、100 分，只需要“及格”，至于那些证据上的漏洞怎样弥补，怎样取证，是强化步骤中要做的工作。

第 11 步：让当事人协助验证疑似辩点

在查找环节与当事人交流，是为了查找到这个案件的假设和猜测，在验证环节，我们同样需要与当事人交流，但工作的重点是让当事人协助验证辩点。

一、当事人也许比辩护人更能发现疑似辩点的破绽

辩护人对案件情况的了解大部分源于卷宗，当事人对案件情况的了解几乎全部源于亲身经历。**在刑事案件中，辩护人不能认为当事人不懂法（专业自信），自己已经看过了全案卷宗（上帝视角）而忽略了当事人的作用。**辩护人应该把当事人当作合作伙伴，一起验证自己在阅卷、会见过程中找到的疑似辩点（假设和猜测）。

具体的方法可以采用问答的方式。辩护人可以讲一讲为什么会产生这样的假设，有些什么猜测，然后再听一听当事人是如何看待这些假设和猜测的。他们在回答问题的同时就是

在验证疑似辩点。同样，也可以反过来问问当事人有没有什么要问自己的，辩护人在回答他们问题的同时，也是在验证疑似辩点。由于当事人具有不可替代的亲历性，在这一问一答中，他们也许会比辩护人更能发现一个案件的破绽。

另外，还可以把之前在证据上无法闭环的难点和当事人聊一聊，也许他能提供新的证据或者新的思路。

很多当事人只是在法律知识上不如辩护人，但是充满了智慧，他们的协助能让辩护人少走不少弯路。

二、疑似辩点最大的漏洞可能出在当事人身上

有时候，辩护人查找到的疑似辩点最大的漏洞可能不是法律和证据，而是案件的当事人。

出于趋利避害及其他一些原因，当事人有时也未必会和自己的律师讲真话。所以，有时一个疑似辩点也许在法律上、证据上都能验证通过，但由于当事人向辩护人隐瞒了部分关键事实，从而让疑似辩点出现了种种漏洞。

对于这种情况，就得具体辩点具体分析。先分析漏洞是否同样会被别人发现 ，再看看能否合法地补救或者改变辩护思路。如果不能，就及时弃用，另想办法。

三、注意对职业风险的防控

让当事人协助验证疑似辩点，是为了验证，而不是让当事人同意和配合辩护人的辩点。所以，要特别注意谈话的技巧，注意对职业风险的防控，要避免让当事人误以为是律师在教他如何“钻法律的空子”。

第 12 步：验证疑难疑似辩点

现在的刑事案件已经越来越复杂，少部分疑似辩点很难通过简单的法律、证据分析就能得出结论。对于这部分疑难疑似辩点，需要做更细致的工作。

下面，就讲一讲常用的验证疑难疑似辩点的方法。

一、人物关系图

大部分案件人物关系简单，并不需要做人物关系图，只需要在“疑似辩点思维导图”中进行简单标注即可。例如，在一起行贿案件中，只需要在相应证据（被告人供述、证人证言）处简单标注如“行贿人”“行贿人公司出纳”“行贿人的司机”“受贿人”“受贿人的下属”“受贿人的妻子”等身份即可。有经验的辩护人看了就知道如何与案件进行对应。

有的案件，人物关系颇为复杂，必须制作详细的人物关系图，并且简要地标明作用、数额等重要信息，这样才能了解案件中各个人物的关系，以及在案件中起到的作用。特别是在“涉黑”等大型案件中，由于组织结构复杂，受害人、证人众多，具体个案中人物相互交叉，如果没有一张人物关系图，就无法全面了解全案人物关系及事件。

下面我们用本书的主案例“商某受贿案”做一个简单的示范，见图 2–7。

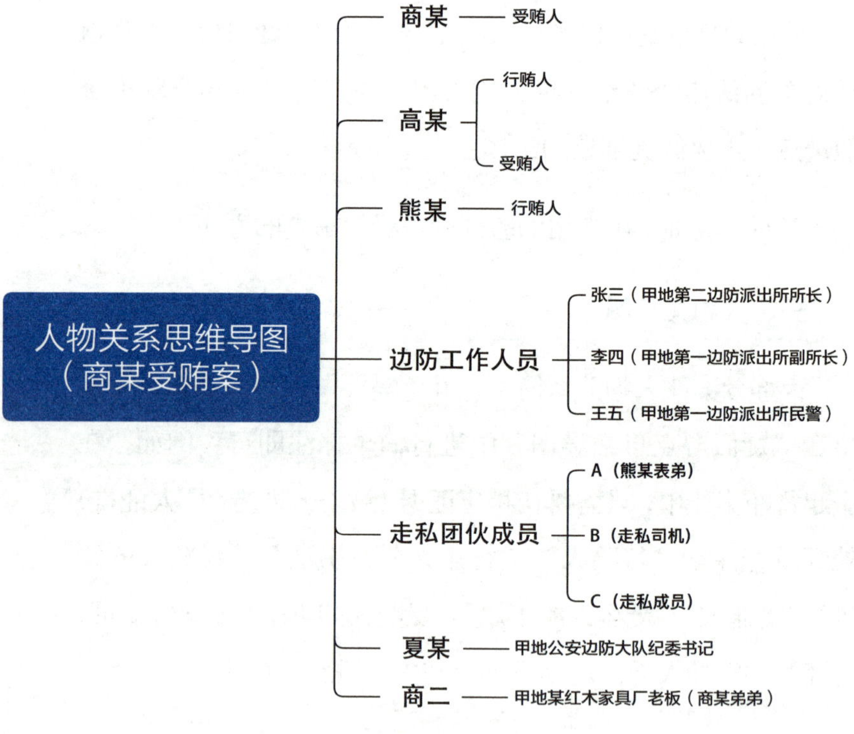

图 2–7

人物关系图，重点不在人物而在关系。厘清其中的关系能帮助辩护人在验证时换位思考，站在案件中某人当时的位置考虑问题。一份笔录，为什么他说张三会言无不尽，说李四却避重就轻？人物关系图，能让辩护人在分析案中人的立场时起到辅助性的作用，不但能帮助验证辩点，对之后的取证、法庭发问也起着重要的作用。

二、时间轴

时间轴主要用于梳理一个案件中的各类时间，如案件发展的时间顺序；多起犯罪的作案时间及相对应的人员；同一时间段内发生的不同事件等。总之，与时间有关的内容都可以灵活地使用时间轴进行辅助分析、验证疑似辩点。

我们用主案例“商某受贿案”举例，见图 2−8。

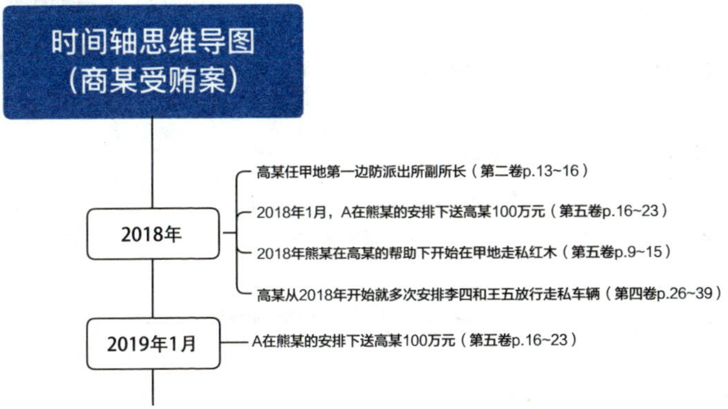

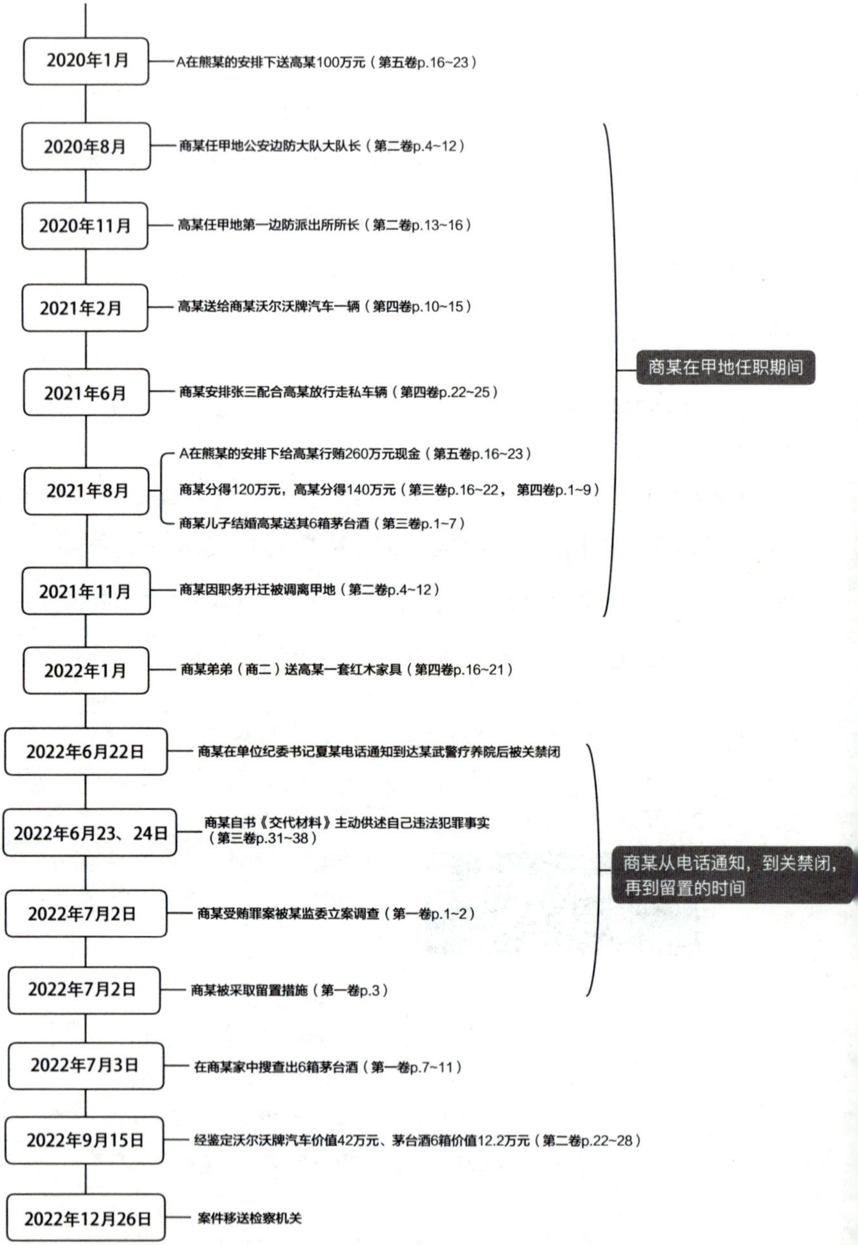
2020年1月
A在熊某的安排下送高某100万元（第五卷p.16~23）
2020年8月
商某任甲地公安边防大队大队长（第二卷p.4~12）
2020年11月
高某任甲地第一边防派出所所长（第二卷p.13~16）
2021年2月
高某送给商某沃尔沃牌汽车一辆（第四卷p.10~15）
2021年6月
商某安排张三配合高某放行走私车辆（第四卷p.22~25）
2021年8月
A在熊某的安排下给高某行贿260万元现金（第五卷p.16~23）
商某分得120万元，高某分得140万元（第三卷p.16~22，第四卷p.1~9）
商某儿子结婚高某送其6箱茅台酒（第三卷p.1~7）
2021年11月
商某因职务升迁被调离甲地（第二卷p.4~12）
商某在甲地任职期间
2022年1月
商某弟弟（商二）送高某一套红木家具（第四卷p.16~21）
2022年6月22日
商某在单位纪委书记夏某电话通知到达某武警疗养院后被关禁闭
2022年6月23、24日
商某自书《交代材料》主动供述自己违法犯罪事实（第三卷p.31~38）
2022年7月2日
商某受贿罪案被某监委立案调查（第一卷p.1~2）
2022年7月2日
商某被采取留置措施（第一卷p.3）
商某从电话通知，到关禁闭，再到留置的时间
2022年7月3日
在商某家中搜查出6箱茅台酒（第一卷p.7~11）
2022年9月15日
经鉴定沃尔沃牌汽车价值42万元、茅台酒6箱价值12.2万元（第二卷p.22~28）
2022年12月26日
案件移送检察机关

图 2-8

◎◎◎◎

解读：

从图 2-8 中可以看出，这是“商某受贿案”的主要时间轴，对于我们验证辩点来说，主要有两个方面。一是高某是否在商某到 A 地任职之前，就开始为熊某走私提供帮助，并且收受贿赂，从而证明在本案中，《起诉书》指控商某为熊某行贿案的主犯是不恰当的。二是商某从被单位纪委书记电话通知后到案（主动到案），在关禁闭期间如实供述了主要犯罪事实，应该认定为自首。

三、各类表格

使用各类表格进行归纳、对比，通常是辩护律师验证疑似辩点的好办法。本书第一章中开设赌场的案例就是使用表格对疑难疑似辩点验证的一个成功案例。

使用表格验证，有时是对相关证据进行表格归纳，宏观地判断整个案件从整体到局部是否达到事实清楚，证据确实、充分的标准。例如，在某盗窃案中通过对证据的表格梳理，辩护人发现指控的 9 起盗窃案中有 2 起没有现场指认，并且多名被告人、被害人对盗窃的时间、地点的供述也不一致。这就是一个明显的事实不清、证据不足的例子。

有时是对案件中的某一部分数据进行的统计分析。例如，在某职务侵占案中，指控的犯罪数额为 7765 万元，但辩护人在阅卷后发现，这些被指控侵占的货款转到 5 个私人账户，被告人并没有私吞，而是又将这些私人账户内的货款用于该公司的电费、油费、材料款、土地赔偿金、机器租赁修理费等各项经营开支。为了验证这些经营支出的具体数额，我们把银行流水整理成表格，统计分析后发现，这些经营支出合计为 7920 万元，金额还大于《起诉书》认定的职务侵占的金额。

以上两种应用的场景仅是一个启发。使用各类表格对疑难疑似辩点进行验证要不拘一格，根据案件的实际需要灵活运用，充分发挥辩护人的创造力。

四、听听团队、同行的意见

验证疑难疑似辩点，别忘了整个团队。配合主办律师工作的协办律师或者律师助理也深度参与了案件的办理。**由于分工不同，侧重点不同，视角就会不同。**我发现，在团队办案中，由于分工和经验的不同，主办律师更有整体思维，对案件的宏观分析也会更到位（这当然很重要），协办律师或者律师助理会更注重案件的细节，可能会给出不同但正确的思路。所以，验证疑难疑似辩点时，应当多听听他们的意见。

这里做一个小提示，作为主办律师，在讨论案件时，先让协办律师或者律师助理发表意见。**不要让自己的观点（坦率地讲是权威）成为别人发表意见时的障碍。**

有时，即使是办案经验丰富的律师也同样会对疑难案件中的某一两个特别疑难的疑似辩点把握不准或者犯难。这个时候，不要忘了同行，**特别是在某个小领域比较厉害的人。**有人精通理论，有人擅长鉴定，有人经验丰富。遇到难题时，朋友圈就是智囊团。

五、通过承办该案的公检法来验证疑难疑似辩点

法律规定，无论是公安机关、检察机关还是审判机关，都要听取律师的意见。对同一个案件，辩护人在阅卷、在思考，检察官、法官也同样如此。验证疑难疑似辩点，不能闭门造车，可以充分运用这些法定的与办案机关交流的机会，听一听他们的看法。

有时，他们与你的意见一致，验证通过。有时，他们与你的意见不同，就仔细听一听承办人员的观点，是你自己认知的错误，还是努力可以攻克的难关。

当然，采用这种方式验证疑难疑似辩点，会有提前暴露辩点的风险。所以，选择哪些疑难疑似辩点进行沟通，以及采取什么样的沟通方式、技巧，对于火候的把握就尤为重要了。

强　化

经过验证的疑似辩点，就成了准辩点。

验证，只解决了一个辩点是否“能用”的问题，但“能用”并不代表“好用”。强化辩点，就是让已经通过验证，基本可用的辩点变得好用，做到极致。从弱辩点变成强辩点，从常规辩点变为战略级辩点。让律师无论是出庭辩护还是认罪认罚协商，都能更有支撑、更有底气。

强化辩点，是一个案件在“大战前”最后的内部努力。大部分时候，辩点强化后的结果约等于整个案件的办案质量，基本决定了案件的大致结果。

第 13 步：制作问题强化清单

在验证这一大步骤中，我们验证出了“在法律上能自圆其说”“在证据上能勉强证明”，基本闭环的准辩点。但是同时我们也发现，这些准辩点大部分都多多少少存在这样、那样的问题，在依据上、证据上都非常薄弱，不具备杀伤力。

制作问题强化清单，就是把这些验证时发现的问题进行统计，一一列出，以备后续强化。

一、归纳存在问题

制作问题强化清单，对象是已经通过验证的准辩点。具体工作是把这些准辩点在验证环节发现的依据上、证据上存在的问题、漏洞都找出来，并在思维导图中一一列出。

二、提出解决方案

列出清单容易，提出解决方案难。提出的解决方案，有时是查找论文，有时是研究案例，有时是自行取证，有时是申请办案机关调取证据。总之，辩护人要发挥自己的主观能动性，开动脑筋，想尽一切办法。

当然，解决方案不是一成不变的，要根据之后强化准辩点的过程一步步优化，甚至改正。

我用主案例“商某受贿案”制作了一份强化清单作为示范，见图 2–9。

三、清单中的问题都要解决吗

制作问题强化清单，经常被问到的一个问题是：清单中的问题都需要解决吗？解决不了怎么办？

是的，**列清单时我们需要的是“全”，最好把一个准辩点存在的所有问题都列出，将所有有利的依据、证据都找到。**但事实是，很多法律问题本身就一直存在争议，有的证据根本不可能找到，或者超出了辩护人的能力。

这完全不用担心，列清单的目的不仅仅是列出问题。列清单，至少还有以下三方面的作用。

第一，多而全地列出待解决的问题，为自己设立一个最完美的目标，并且制定出方案，之后能解决多少就解决多少。

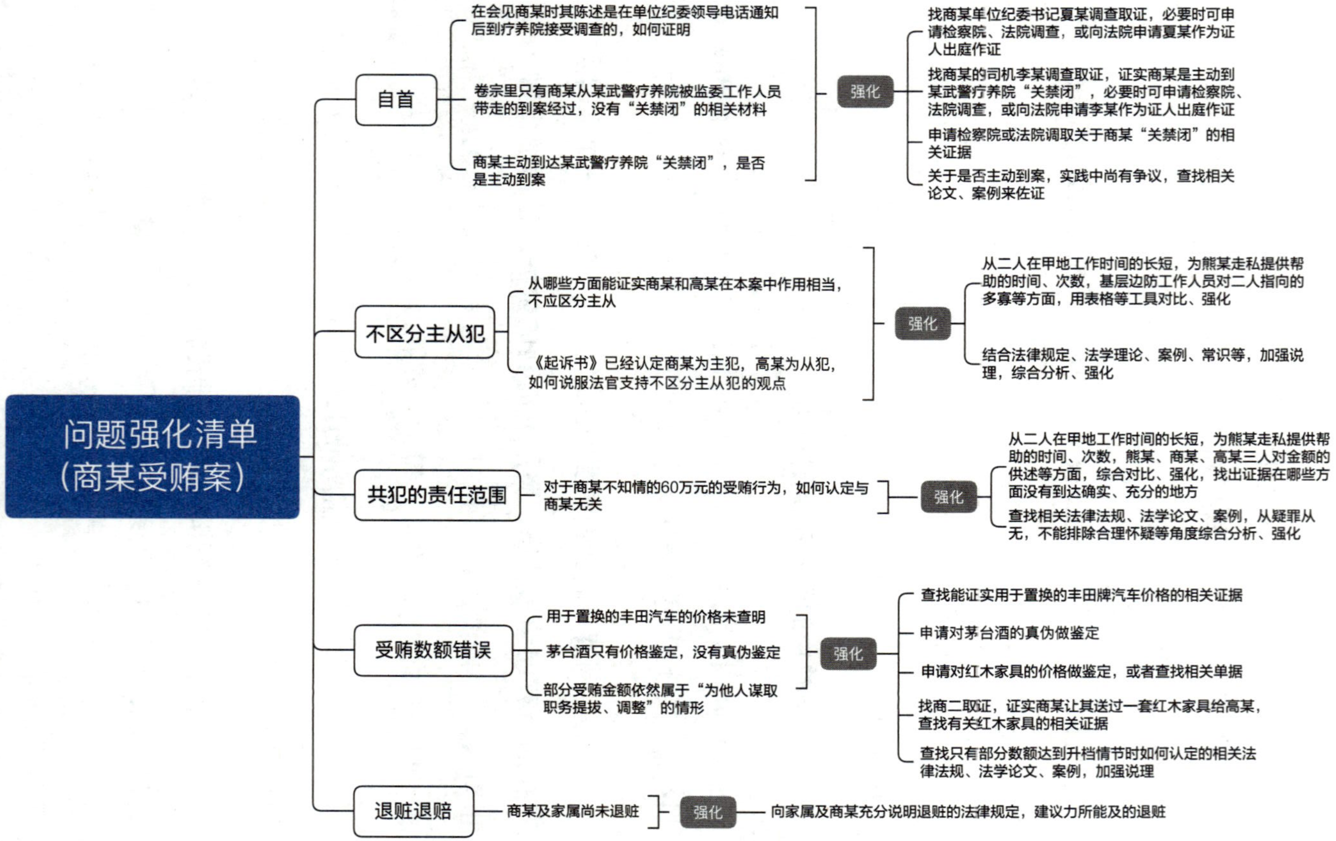
问题强化清单
（商某受贿案）
自首
在会见商某时其陈述是在单位纪委领导电话通知后到疗养院接受调查的，如何证明
卷宗里只有商某从某武警疗养院被监委工作人员带走的到案经过，没有“关禁闭”的相关材料
商某主动到达某武警疗养院“关禁闭”，是否是主动到案
强化
找商某单位纪委书记夏某调查取证，必要时可申请检察院、法院调查，或向法院申请夏某作为证人出庭作证
找商某的司机李某调查取证，证实商某是主动到某武警疗养院“关禁闭”，必要时可申请检察院、法院调查，或向法院申请李某作为证人出庭作证
申请检察院或法院调取关于商某“关禁闭”的相关证据
关于是否主动到案，实践中尚有争议，查找相关论文、案例来佐证
不区分主从犯
从哪些方面能证实商某和高某在本案中作用相当，不应区分主从
《起诉书》已经认定商某为主犯，高某为从犯，如何说服法官支持不区分主从犯的观点
强化
从二人在甲地工作时间的长短，为熊某走私提供帮助的时间、次数，基层边防工作人员对二人指向的多寡等方面，用表格等工具对比、强化
结合法律规定、法学理论、案例、常识等，加强说理，综合分析、强化
共犯的责任范围
对于商某不知情的60万元的受贿行为，如何认定与商某无关
强化
从二人在甲地工作时间的长短，为熊某走私提供帮助的时间、次数，熊某、商某、高某三人对金额的供述等方面，综合对比、强化，找出证据在哪些方面没有到达确实、充分的地方
查找相关法律法规、法学论文、案例，从疑罪从无，不能排除合理怀疑等角度综合分析、强化
受贿数额错误
用于置换的丰田汽车的价格未查明
茅台酒只有价格鉴定，没有真伪鉴定
部分受贿金额依然属于“为他人谋取职务提拔、调整”的情形
强化
查找能证实用于置换的丰田牌汽车价格的相关证据
申请对茅台酒的真伪做鉴定
申请对红木家具的价格做鉴定，或者查找相关单据
找商二取证，证实商某让其送过一套红木家具给高某，查找有关红木家具的相关证据
查找只有部分数额达到升档情节时如何认定的相关法律法规、法学论文、案例，加强说理
退赃退赔
商某及家属尚未退赃
强化
向家属及商某充分说明退赃的法律规定，建议力所能及的退赃

图2-9

第二，如果清单中的问题解决不了，也能帮助辩护人找出自己辩点的漏洞，并且提前思考问题解决不了时的退路。

第三，之前查找、验证两个环节是一步步攀登，搜索正确路径的过程，而制作问题强化清单则是站在整个案件的山顶上，俯瞰、回顾之前步骤中存在的问题。既是一次回顾，也是一次新的思考。

第 14 步：强化证据

在多年的办案实践中，我发现很多辩护人、公诉人经常在法庭上犯一个错误，就是**用主观猜测弥补证据的缺失。**

请允许我再强调一遍：之所以假设、猜测不是辩点，是因为假设和猜测没有证据作为支撑。

强化证据，就是根据第 13 步中强化问题清单列出的方案，解决准辩点在证据方面存在的问题。

一、主动取证是强化证据的核心

我在办案过程中有一个体会，最能引起法官、检察官重视，让法官、检察官认真听取律师意见的，大部分都是证据问题。

证据是法律之王。强化辩点什么最重要？证据！如果用于指控的证据出现重大问题，或是律师找到新的证据，往往就能颠覆一个案件的定罪、量刑。

强化证据的核心就是主动取证。主动取证，最重要的是辩护人要脱离卷宗的束缚，主动出击，在证据上化被动为主动。

主动取证，也是我这些年来在部分案件中取得不错效果并且屡试不爽的诀窍。

公诉人要构建一条证据的锁链，辩护人如果能找到新的证据把这条锁链打断一截，那么往往能起到出奇制胜的效果。我们不能因为调查取证难、有风险，就放弃了取证的权利。证据不是法律之王吗？那好！擒贼先擒“王”。

二、调查取证是一门技术活

我曾经在公诉部门工作了三年，做公诉人的时候，会看卷宗，找问题，然后要求公安机关、反贪局、反渎局[①]补材料。后来调到反贪局后才发现，自己亲自动手时，连笔录的格式都搞不对，更别提如何讯问（询问）了，这就是典型的眼高手低。这才慢慢理解，当年检察院的反贪局、反渎局虽然都设在检察院内，但和公诉部门的工作性质相去甚远，一个是侦查，另一个是审查起诉，可以说是两种不同的职业。

在刑诉法中，辩护与代理，侦查，提起公诉，审判分别专门归入不同的编章中，这也从另一个角度说明，**四者是不同的工种，需要不同的技能。**

① 2018 年 2 月，全国四级检察机关反贪、反渎和预防部门职能、机构及人员转隶各级监察委员会。

在刑事程序中，与辩护人的工作技能最为接近的是公诉人，这也是从公诉转行做律师的法律人上手会快一些的原因。但是，**辩护人和公诉人一样，也有一个技能盲区，就是只会审查证据，不会主动取证**，这就是由于公诉（辩护）和侦查是两种不同职业的原因。

那么，不会怎么办？学啊。

对于这一点，要着重提醒大家（特别是年轻律师），调查取证是一门技术活，的确是有风险的，所以最好有老师（特别是在监察、公安这些调查、侦查机关工作过的律师）带一带，学些基本技能，更要学习风险防控。

另外，律师调查取证，除法律知识外，要想成功调查取证还须具备一些社会经验，特别是对案件中不同人员的利害关系作出判断，这需要对人性的深刻理解。例如，同一个问题，你找张三作笔录，他可能知无不言，因为在这个案件中，张三和犯罪嫌疑人可能是朋友，可能是亲属，可能对其有恩情，而且这个案件的结果与他无关，他可以放心大胆地讲。但同样的问题问李四，则对某些问题他会点到为止，甚至根本不愿意接受律师的询问。所以，有的人，可以自己去调查取证，而有的人，只能申请他出庭作证。至于如何判断，就需要律师具有一定的社会阅历了。

三、用好律师的调查取证权

《刑事诉讼法》条文对调查取证的规定，有的学者认为只是两个方面，一是自行调查（第 43 条第 1 款的前半部分），就是律师自己收集与本案有关的材料。二是申请调查（第 43 条第 1 款的后半部分），申请检察院、法院收集、调取证据，申请法院通知证人出庭作证。但是我认为，《刑事诉讼法》第 41 条规定的“辩护人认为在侦查、审查起诉期间公安机关、人民检察院收集的证明犯罪嫌疑人、被告人无罪或者罪轻的证据材料未提交的，有权申请人民检察院、法院调取”也应该归纳为律师调查取证的程序权利。

综上所述，律师调查取证的方法一共应该包含三种：申请提交（第 41 条），自行调查（第 43 条），申请调查（第 43 条）。关于这三种律师调查取证的方法，需专门作为一个专题进行讲解，限于本书的主题，这里仅就自行调查与申请调查（申请提交）展开，希望能从局部给大家一点启发。

大家都知道，中国律师自行取证特别难，因为律师取证不像公检法那样，是没有强制力的。那么，在没有强制力的情况下如何有效取证呢？我们可以把自行调查与申请调查（申请提交）结合起来用。

自行调查只调查线索，为申请调查（申请提交）找到理由，辩护人自己调查找到线索之后，再申请法院、检察院调查取证，由有强制力的机关进一步取证或者申请出庭。

例如，律师找到了某个证人，与证人简单接触后发现，这个证人能提供对犯罪嫌疑人有利的证言，但人家就是不配合律师做笔录，这时，就可以申请法院、检察院调查取证，由他们做这份笔录，或者直接申请证人出庭。

四、对风险要分级处理

这里着重谈谈风险的问题。现实中，很多律师不太敢，也不太会取证。一方面是《刑法》第306条（辩护人毁灭证据、伪造证据、妨害作证罪）有明确规定，取证确实有风险；另一方面是部分辩护人缺乏取证技能，不会取证。**二者形成了一个恶性循环：害怕取证，又不会取证，然后更害怕，更不敢取证。**

但是，正是因为存在风险，谁率先掌握了安全取证的技巧，谁就能在案件中占据优势。

调查取证，风险确实存在，这点不可否认。总体来说，律师取证的风险大多源于技能的缺失，对人性的判断失误。除了这些之外，还有一个方法可以有效降低风险，即对风险进行分级处理。

例如，法律规定，辩护律师经证人个人同意，可以向他们收集与本案有关的材料。但是，并不是所有的证人律师都可以不加区分地想找就找，这样风险是很大的。对于向证人收集证据，我认为应该分为四级。

第一级，向被害人提供的证人收集证据，这是要经检察院和法院许可的。在实务中，一般情况下，我不建议大家直接向被害人提供的证人收集证据，而是建议申请人民法院通知证人出庭作证，或者找到一定的线索（理由）后，申请检察院、法院收集、调取证据。

第二级，在找证人时，要看一下这个证人有没有出现在侦查机关的笔录中，就是侦查机关是否找过这个证人作笔录。如果找过，就一定要注意，律师让他作笔录时，如果他说了与侦查机关所作书面笔录不一致的内容（翻证），那么可能会带来《刑法》第306条规定的风险。这时，最好建议申请人民法院通知证人出庭作证。

第三级，侦查机关已经找过的证人，所作笔录与侦查内容并无太多冲突。

第四级，侦查机关没有找过的证人。

当然，无论是哪一种证人，作笔录时都要注意一些技巧，例如，取证由两名律师，一名助理（录像）参加，可以在出现问题时相互作证；不让犯罪嫌疑人及家属通知；在笔录中记录一些告知事项保护自己等。

五、几点说明

1. 第 14 步的“强化证据”和第 10 步的“让疑似辩点‘有据可查’”有什么区别？区别有二：第一，第 10 步是验证环节，重点工作是验证疑似辩点在证据上是否有无法闭环的“硬伤”，是否“在证据上能勉强证明”。第 14 步是要努力解决第 10 步遗留的问题，把“勉强证明”变成“充分证明”，把“基本闭环”变成“完全闭环”。第二，第 10 步的“让疑似辩点‘有据可查’”的主要工作方式是阅卷、会见等，是坐在电脑前分析、统计、思考。第 14 步的“强化证据”的主要工作是主动调查取证。

2. 细心的读者可能发现，之前的第 9 步是“让疑似辩点‘有法可依’”，第 10 步是“让疑似辩点‘有据可查’”是依据在前，证据在后，为什么在这里，变成了第 14 步“强化证据”在前，第 15 步“强化依据”在后？这种安排是有细节上的思考和原因的。验证环节，验证依据在前，验证证据在后，是律师“客随主便”，顺着侦查机关和公诉人的思路进行思考。而强化环节，强化证据在前，强化依据在后，是律师“反客为主”，主动出击。从这个变化中，不难看出工作内容、重心的变化。

3. **强化证据，既要强化辩护人提出的辩点，也要强化控**

方证据存在什么漏洞、什么瑕疵的"反向证据"，用证据证实控方指控的证据哪些"事实不清，证据不足"，为什么"不能排除合理怀疑"。

第 15 步：强化依据

在第 9 步“让疑似辩点‘有法可依’”中，我们验证通过了那些“在法律上能自圆其说”，基本闭环的辩点。

基本闭环，从另一个角度来说，就是对某个法律问题还存在争议。事实上，在具体办案中，能在依据上发现辩点的地方当然不会是法律有明确规定的地方，而是那些规定不明确的，模糊的，有争议的地方。

对于辩护人来说，依据无非三种：一是法律法规，二是先行案例，三是理论研究。法律规定已经明确的地方自然无须再明确，但正是由于成文法的滞后性，在明确前，就同一法律问题，一般都会有之前发生过的案例，以及学者对其研究形成的理论文章及书籍。

有争议才会有辩点。强化依据，就是要找到这些案例和论文（书籍），并且深入研究，用已经生效的先行案例和对辩护有利的理论为辩点提供依据支持。

一、特别重视案例的作用

《最高人民法院关于统一法律适用加强类案检索的指导意见（试行）》第 9 条规定："检索到的类案为指导性案例的，人民法院应当参照作出裁判，但与新的法律、行政法规、司法解释相冲突或者为新的指导性案例所取代的除外。检索到其他类案的，人民法院可以作为作出裁判的参考。"

从这里可以看出，案例的使用是分级的，对于指导性案例，是"人民法院应当参照作出裁判"，而对于类案，则是"人民法院可以作为作出裁判的参考"。现实中，指导性案例存在三大特点，一是少，相对于海量的类案，指导性案例的数量就像一个小池塘。二是慢，指导性案例，由于将发挥重要的作用，所以发布会特别慎重，往往是各方深思熟虑后达成的共识。三是强，一旦找到指导性案例对辩点进行支撑，将会起到约等于法律法规的作用。

类案判决虽然没有指导性案例这样的威力，但有总比没有好。特别是要注意查找与正在办理案件的同一地区或者上级法院的类案判决，效果会比其他类案的效果好。

二、对争议法律问题的研究要深入

强化依据，就是要在存在争议的地方下功夫，几乎所有的律师工作都非常繁忙，对理论学习时间的安排确实有心无力。

工学矛盾对于任何律师来说都是一个无解的难题。

我的方法是，如果办案中碰到有法律争议的辩点，那么无论是出于工作还是学习的需要，都要把能找到的相关必读书籍，特别是论文，尽可能地读上一遍，**要拿出钻研学术的功夫钻研某单一法律问题。**这样的好处是，虽然对于浩如烟海的学术争议问题我们律师有心无力，但是对于自己办理的某个案件中的理论问题，我们至少能用最少的时间成为专家。不敢说在理论上能有所建树，但也能单点突破，对个案的办理提供理论支持。

另外，由于律师和学者的分工不同，律师着重于实务，学者着重于理论研究。遇到疑难法律问题时，最好在提前深入研究的基础上，找一两位相关领域的专家进行请教。

三、要想好后手

一个有争议的法律问题，不要以为只有辩护人才会发现，公诉人可能同样发现了这个问题。当你在法庭上自信地提出一个理论时，可能公诉人同样也对这个理论问题进行了研究，并且已经准备好了反驳你的意见。

所以，强化依据，不但要强化前手（支撑），还要想好后手（反驳），提前预判，特别是在理论上做好第二轮辩论的准备。我的经验是，如果一个案件中存在有争议的法学理论问题，我都会提前预判，并且提前准备好第二轮的有关理论方面的辩护词，随时准备针对公诉人的第二轮辩论作出回应。这种准备，不但能更好地为被告人辩护，还常常会让庭审效果更精彩。

例如，本书主案例“商某受贿案”中，《起诉书》认定商某“收受高某财物折合人民币 54.2 万元”，就算辩护人辩护成功，扣除了车和家具的犯罪数额（40 万元），受贿总数额在 300 万元以下。但如果公诉人在第二轮辩论中认为，54.2 万元就算扣除 40 万元，还有 14.2 万元依然属于“为他人谋取职务提拔、调整”的情节，且只要有这一情节，无论数额多少，都可以升档量刑。对此争议问题，辩护人就应该提前预判，做好充分的准备。

四、法律检索的能力很重要

如何从浩如烟海的法学论文中，从不同学者的观点中，从公开的判决书中找到对辩点有用的依据，是考验一名辩护人检索能力的重要时刻。

可以说，**强化依据，法律检索能力直接决定了这一步的效果。**这里同样不得不插一句，法律检索的技能也是需要专门学习、培训的。

第 16 步：穷尽可能

普通的律师努力辩护，优秀的律师尽力辩护，卓越的律师竭尽全力辩护。从努力到尽力，再到竭尽全力，不同的用心程度决定了能够成为什么样的律师。

对于辩护人来说，充分运用法律赋予的合法方式，穷尽可能，竭尽全力地履行辩护职责是律师的本分。什么是穷尽可能？说得详细一点，务实一点，就是证据上能突破、拿得出新证据就打证据；证据上搞不定就引法条，说实体、谈程序；法律规定找不到就讲理论、摆案例、用数据论证；实在不行还可以认罪认罚从宽。总之，不能轻易放弃。

辩护是一种工作，更是一种态度。

一、穷尽可能，看看同行如何思考

裁判文书的公布对中国法治建设意义重大。我在遇到自己之前没办过的新型案件，或者办案思路陷入僵局时，都会到中国裁判文书网查看相关案例。看看就同一问题，同行是怎么辩护的？他们寻找到了什么突破口？他们都想了哪些办法打破案件的僵局？

一方面，即便同行的意见没有被原案法官采纳，也能为我们提供思路。这些思路，有的可以直接拿过来用，有的可以加强或者改良后使用。

另一方面，还可以看看法官不予采纳的理由是什么，公诉人又是如何反驳辩护人的，如果是自己应对，又该怎么办？

二、穷尽可能，需要律师的创造力

律师这个职业，受限于法律和证据，所以很多律师感觉自己的工作比较死板，没有什么创造力。

从某个角度来说，的确是这样，辩护人的工作，是有规则和底线的。但是从另一些角度来说，也不全是。根据我的观察，很多大律师办案常常能打破条条框框的限制，在合法的前提下根据案件的实际情况审时度势，富有创造性地提出很多解决方案。

认真的律师能成为好律师，但有创造力的律师才能成为大律师。

下面用两个例子抛砖引玉。

例 1：在某案中，辩护人多次申请检察机关、法院调取几份重要证据，但不知道是什么原因，结果都石沉大海，案件陷入了僵局。之后，在会见时，当事人提到了另一起与本案有关的涉嫌串通投标案的线索。辩护人经过分析，认为该线索可能构成立功。于是，建议当事人向公安机关举报，因为提供的线索证据十分充分，公安机关不得不查。最后，通过调查串通投标案，既认定了当事人的立功情节，公安机关调查串通投标案的证据又同时成为我们办案的证据，一石二鸟。

例 2：某滥用职权案中，检察机关指控被告人滥用职权，导致国有土地资源受到了损失。我们在与当事人交流时，他说其实涉案的国有土地一共三块，有一块他们根本没有开发，也就谈不上遭到了损失，另一块政府叫停后，他们已经进行了恢复。辩护人认为，如果一部分损害后果没有发生，另一部分的损害后果已经得到了及时的补救，这当然是量刑情节方面的重要辩点。在申请重新鉴定无果后，我们想了个办法，找来专业的测绘公司，用无人机在涉案的整块土地上飞了一遍，将一大张测绘图拿到法庭上出示，非常直观地指出 A 地块已经被破坏；B 地块没有被破坏；C 地块已经恢复原貌。所以公诉机关的《起诉书》中把三块地全部划归为渎职犯罪的损失统一进行评价是有失公允的。

三、穷尽可能，勤勉比能力更重要

穷尽可能，很多时候其实还涉及不到律师的创造力，对于一些可能找到，也可能找不到的证据，还得看律师是否舍得花时间，并且做好无功而返的准备。

例如，上文例 2 的某滥用职权案中，我们通过阅卷还同时发现，《鉴定意见》中认定涉案土地种植的是樱桃树，认定计算损失的标准是樱桃树被砍伐后需重新种植的成本，加上 5 年成长周期的损失。这样，涉案的财产损失金额就会变大，同时也会在一定程度上影响到量刑。

针对在阅卷中发现的这一情况，我们向当事人进行了询问，当事人告诉我们，真实情况是当地农民在涉案土地上种玉米和马铃薯的更多，而且在征地后的几年里，因为迟迟没有开工，所以农民们其实一直在种植农作物。如果真是这样，玉米和马铃薯的价值当然比樱桃树低不少，也不存在 5 年的成长周期，这一部分涉案土地上根本没有什么实际损失。

接下来，我们驱车 1000 公里到案发地，对 10 多位农民进行走访调查，最终找到了两个证据。

第一，部分被征地农民证实，家中的地主要种植玉米和马铃薯，地边坡地上还有李子树等树木，并不全是《鉴定意见》中认定的樱桃树。

第二，在得知征地情况后，农户们都会迅速移栽补种各种果树，以换取更多的果树补偿款。

这样，按照种植玉米的亩产收入计算土地损失更为客观，鉴定意见认定涉案土地主要种植樱桃树与客观事实不符。

综观全案，如果辩护人仅通过法庭上发问，让当事人自己在法庭上陈述《鉴定意见》中认定的樱桃树有误，再加上律师发表同样的辩护意见，那么这样的辩护可以说是苍白无力的，法庭当然更容易采信更加专业的《鉴定意见》的结论。但是，如果当事人的当庭陈述，加上几份农民的证人证言，再加上之前用无人机测绘的结果，用两个证据加强当事人的当庭陈述，最后律师再发表辩护意见时效果就完全不一样了。最终法院的判决也在刑期上认可了这一辩点。

为什么勤勉比能力更重要？查找这个辩点不难，要强化这个辩点，最好能有几名农民的证人证言，这个一般都会想到。**真正难的，是辩护人愿不愿意跑上 2000 公里（来回），去查找几份很可能找不到的证据。**

第 17 步：与当事人及家属讨论全案辩点

到这里，全案的辩点，都已经查找出，验证完，强化好，就像一件一件打磨好的兵器，陈列在兵器库中。这个时候可以，也应该向客户全面展示一下律师的办案成果，并且与当事人及家属讨论一下全案的辩点了。

一、协助当事人充分了解辩点是成功辩护的前提

有时，当事人是律师最好的助手。而有时，律师是当事人最好的助手。查找辩点时，当事人是律师的助手，但现在与当事人讨论全案辩点时，律师就应该成为当事人的助手。在这里，律师应该向当事人解释清楚这些辩点的来源，帮助当事人理解每一个辩点的依据、证据和作用。只有在当事人充分了解辩点的基础上，之后与辩护人之间的配合才会更加默契。

与当事人讨论辩点还能进一步强化辩点，和第 11 步“让

当事人协助验证疑似辩点”一样，把自己强化后的辩点与当事人作进一步的讨论，可以及时发现强化后的辩点存在的漏洞。当事人提出自己的质疑，能帮助辩护人进一步强化辩点。

这里要注意一点，与当事人讨论辩点，是建立在相关证据的基础上，要在合法的前提下把握好尺度。

二、为什么要与家属讨论全案辩点

很多的律师知道要与当事人讨论辩点，因为这是律师工作的一部分，但不理解为什么要与当事人及家属讨论全案辩点。

在刑事案件中，我们的客户和民商案件的客户在很多时候是不同的。在刑事案件中，我们的客户大部分人是在看守所中，被限制了人身自由，为他们找律师，交费的大多是其家属。所以，我们的工作要面对当事人及家属，要协调多方关系。

很多时候客户对律师的工作不满意，一个很重要的原因就是律师只是把当事人当成客户，而没有把家属当成客户，认为自己只要对当事人负责就行，不需要跟家属过多交流。这种思想会导致律师明明做了很多工作，但由于没有被家属一方看到律师的工作成果，家属感觉交了费之后，并不知道律师具体做了些什么，双方之间缺乏沟通，才会产生误会。所以，律师需要通过一些方式展现自己的工作成果，与家属讨论全案辩点，得到家属对律师工作成果的肯定就是其中最为重要的方式之一。

当然，与家属讨论全案辩点，要特别注意介绍的内容，做好风险的防控。

三、为之后制定辩护策略埋下伏笔

在强化辩点之后，及时与当事人及家属讨论全案辩点还有一个重要的作用，就是在还没有制定辩护策略（作罪轻辩护还是无罪辩护）前，就让当事人及家属对全案辩点有充分了解。给他们一些思考、判断的时间，让他们及早地进入对之后辩护策略的思考中，为之后本案最终辩护策略的制定埋下伏笔。

运　用

可以说，“运用”是辩点闭环四步法的最后一大步，最难的一步，最能考验一名辩护人出庭辩护技能和实践能力的一步。

在运用这个阶段，我们要先盘点一下自己手上能用的辩点有哪些，明确辩护方向，制定辩护策略，并且按照这个策略做好各种准备，最终将辩点运用于出庭等辩护工作中。

第 18 步：给辩点分类、分级

辩点是分等级的。有大的、有小的，有颠覆性的，有从轻、减轻的。在运用环节的第一步，我们要对这些辩点的种类、等级进行区分，目的就像作战前，你得清点一下“兵力”，盘点一下“武器”一样，对辩点的分级就像一次大盘点。

以往，辩护人常常会对辩点进行如下分类，并在辩护中按照辩点的种类进行辩护：

1. 定罪方面的辩点；

2. 量刑方面的辩点；

3. 程序方面的辩点；

4. 证据方面的辩点；

5. 其他方面的辩点。

但“辩点闭环四步法”认为，比种类更重要的是辩点的等级，对不同辩点的等级进行划分，按照不同辩点的重要程度分配时间，辩护才能取得更好的效果。

划分辩点等级，在已经分类排列过的辩点思维导图上直接标注就行。

具体来说，**辩点等级可以分为三种（战略级、常规性、迷惑性辩点）**，要区别运用。

一、选出战略级辩点

战略级辩点，就是只要一使用就能让案件获得有辩护效果的辩点。对于大部分案件来说，这样的辩点不会很多，也就两三个或者一两个而已。

这里要注意一个误区，战略级辩点，不是一定要达到无罪的辩点才是战略级辩点。如自首、立功，数额达不到升档标准都是能获得有效辩护的辩点，都能称为战略级辩点。

二、选出常规性辩点

常规性辩点有两种。

一种是辩点一般，也能基本达到“有效辩护”的结果，但是效果不太好，如少量退赃。

另一种是辩点本身很好，尽管之前进行过强化，但由于种种原因还是达不到一用就有效的辩点。

三、选出迷惑性辩点

这种辩点是在强化之后依然存在一定硬伤的辩点。例如，在一个案件中，我们开始认为辩点成立，但是在强化时发现有硬伤，这种辩点是很有迷惑性的，如果公诉人和法官没有掌握某一知识点（如某一指导案例）或者对某些证据细节有所疏忽，再或者公诉人的指控虽然也很有说服力，但最终法官还是可能采纳辩护人的意见，这种辩点我把它称为迷惑性辩点。这类辩点在某些时候还是可以一用。例如，本书主案例（商某受贿案）中“共犯的责任范围”就属于这类辩点。

四、做减法

最后，做减法。

如果经过上面的划分，发现与其他辩点相比，确实可有可无，可说可不说，那就不要浪费时间，冲淡主题，影响了其他辩点的运用。要舍得做减法，勇于去除。

经过区分和划分的辩点思维导图如图 2–10 所示。

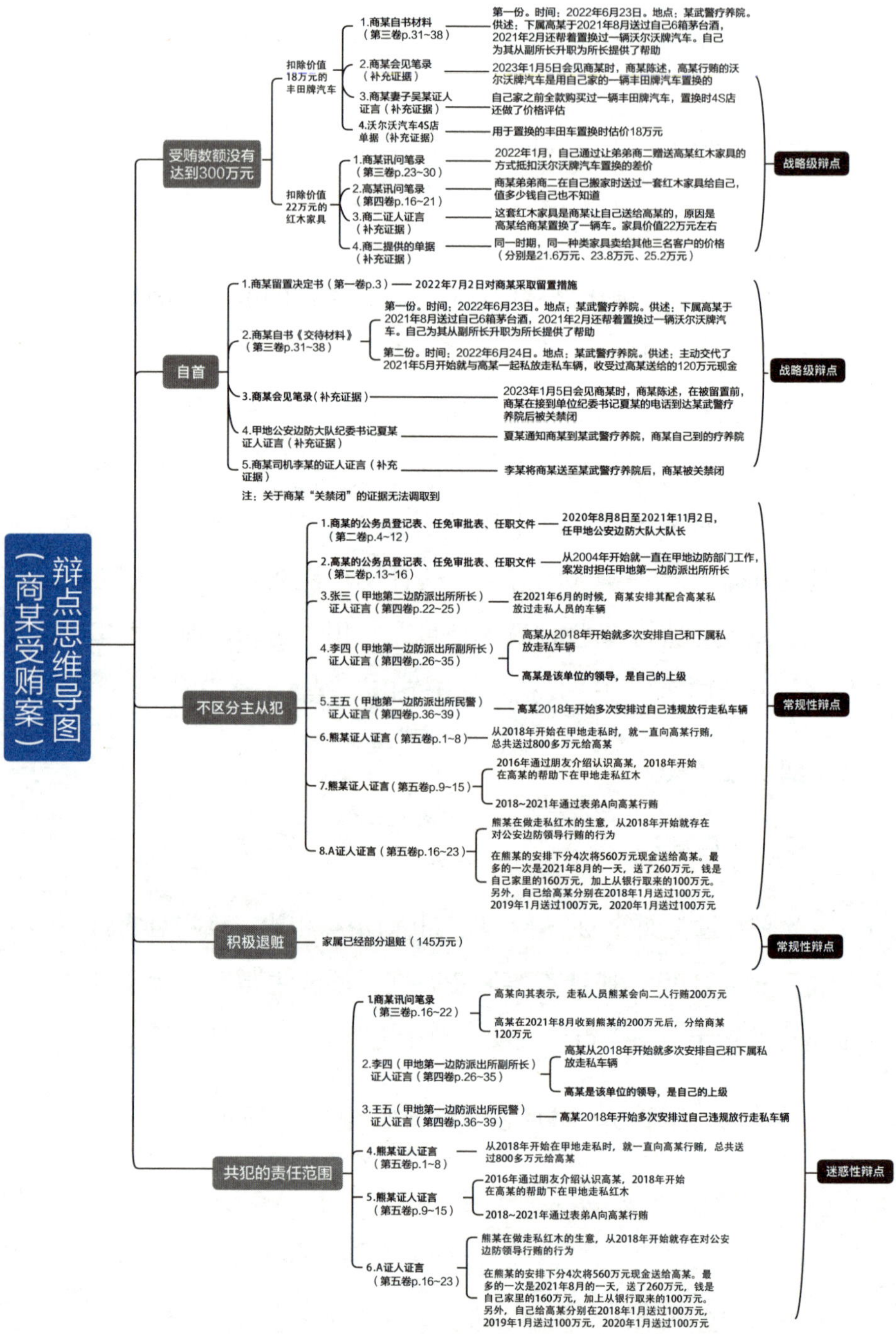
辩点思维导图（商某受贿案）
受贿数额没有达到300万元
扣除价值18万元的丰田牌汽车
1.商某自书材料（第三卷p.31~38）
第一份。时间：2022年6月23日。地点：某武警疗养院。供述：下属高某于2021年8月送过自己6箱茅台酒，2021年2月还帮着置换过一辆沃尔沃牌汽车。自己为其从副所长升职为所长提供了帮助
2.商某会见笔录（补充证据）
2023年1月5日会见商某时，商某陈述，高某行贿的沃尔沃牌汽车是用自己家的一辆丰田牌汽车置换的
3.商某妻子吴某证人证言（补充证据）
自己家之前全款购买过一辆丰田牌汽车，置换时4S店还做了价格评估
4.沃尔沃汽车4S店单据（补充证据）
用于置换的丰田车置换时估价18万元
扣除价值22万元的红木家具
1.商某讯问笔录（第三卷p.23~30）
2022年1月，自己通过让弟弟商二赠送高某红木家具的方式抵扣沃尔沃牌汽车置换的差价
2.高某讯问笔录（第四卷p.16~21）
商某弟弟商二在自己搬家时送过一套红木家具给自己，值多少钱自己也不知道
3.商二证人证言（补充证据）
这套红木家具是商某让自己送给高某的，原因是高某给商某置换了一辆车。家具价值22万元左右
4.商二提供的单据（补充证据）
同一时期，同一种类家具卖给其他三名客户的价格（分别是21.6万元、23.8万元、25.2万元）
战略级辩点
自首
1.商某留置决定书（第一卷p.3）
2022年7月2日对商某采取留置措施
2.商某自书《交待材料》（第三卷p.31~38）
第一份。时间：2022年6月23日。地点：某武警疗养院。供述：下属高某于2021年8月送过自己6箱茅台酒，2021年2月还帮着置换过一辆沃尔沃牌汽车。自己为其从副所长升职为所长提供了帮助
第二份。时间：2022年6月24日。地点：某武警疗养院。供述：主动交代了2021年5月开始就与高某一起私放走私车辆，收受过高某送给的120万元现金
3.商某会见笔录（补充证据）
2023年1月5日会见商某时，商某陈述，在被留置前，商某在接到单位纪委书记夏某的电话到达某武警疗养院后被关禁闭
4.甲地公安边防大队纪委书记夏某证人证言（补充证据）
夏某通知商某到某武警疗养院，商某自己到的疗养院
5.商某司机李某的证人证言（补充证据）
李某将商某送至某武警疗养院后，商某被关禁闭
注：关于商某“关禁闭”的证据无法调取到
战略级辩点
不区分主从犯
1.商某的公务员登记表、任免审批表、任职文件（第二卷p.4~12）
2020年8月8日至2021年11月2日，任甲地公安边防大队大队长
2.高某的公务员登记表、任免审批表、任职文件（第二卷p.13~16）
从2004年开始就一直在甲地边防部门工作，案发时担任甲地第一边防派出所所长
3.张三（甲地第二边防派出所所长）证人证言（第四卷p.22~25）
在2021年6月的时候，商某安排其配合高某私放过走私人员的车辆
4.李四（甲地第一边防派出所副所长）证人证言（第四卷p.26~35）
高某从2018年开始就多次安排自己和下属私放走私车辆
高某是该单位的领导，是自己的上级
5.王五（甲地第一边防派出所民警）证人证言（第四卷p.36~39）
高某2018年开始多次安排过自己违规放行走私车辆
6.熊某证人证言（第五卷p.1~8）
从2018年开始在甲地走私时，就一直向高某行贿，总共送过800多万元给高某
7.熊某证人证言（第五卷p.9~15）
2016年通过朋友介绍认识高某，2018年开始在高某的帮助下在甲地走私红木
2018~2021年通过表弟A向高某行贿
8.A证人证言（第五卷p.16~23）
熊某在做走私红木的生意，从2018年开始就存在对公安边防领导行贿的行为
在熊某的安排下分4次将560万元现金送给高某。最多的一次是2021年8月的一天，送了260万元，钱是自己家里的160万元，加上从银行取来的100万元。另外，自己给高某分别在2018年1月送过100万元，2019年1月送过100万元，2020年1月送过100万元
常规性辩点
积极退赃
家属已经部分退赃（145万元）
常规性辩点
共犯的责任范围
1.商某讯问笔录（第三卷p.16~22）
高某向其表示，走私人员熊某会向二人行贿200万元
高某在2021年8月收到熊某的200万元后，分给商某120万元
2.李四（甲地第一边防派出所副所长）证人证言（第四卷p.26~35）
高某从2018年开始就多次安排自己和下属私放走私车辆
高某是该单位的领导，是自己的上级
3.王五（甲地第一边防派出所民警）证人证言（第四卷p.36~39）
高某2018年开始多次安排过自己违规放行走私车辆
4.熊某证人证言（第五卷p.1~8）
从2018年开始在甲地走私时，就一直向高某行贿，总共送过800多万元给高某
5.熊某证人证言（第五卷p.9~15）
2016年通过朋友介绍认识高某，2018年开始在高某的帮助下在甲地走私红木
2018~2021年通过表弟A向高某行贿
6.A证人证言（第五卷p.16~23）
熊某在做走私红木的生意，从2018年开始就存在对公安边防领导行贿的行为
在熊某的安排下分4次将560万元现金送给高某。最多的一次是2021年8月的一天，送了260万元，钱是自己家里的160万元，加上从银行取来的100万元。另外，自己给高某分别在2018年1月送过100万元，2019年1月送过100万元，2020年1月送过100万元
迷惑性辩点

图 2–10

◎◎◎◎

解读：

1. 辩点思维导图是根据第 13 步“强化问题清单”进行强化后的成果制作的，所以在辩点思维导图中补充了强化后的相关证据。

2. 对于没能强化的问题，如“自首”这一辩点中，穷尽可能后依然无法调取关于商某被“关禁闭”的相关证据，则要在图中标注、提示。

3. 对于强化后已经解决的问题，如“受贿数额错误”这一辩点中，经过茅台集团打假中心的鉴定，涉案茅台酒是真酒，则不再需要在辩点思维导图中标注。

4. 对于强化时找到的法律法规、法学理论文章、案例等，将体现于下一步撰写的《辩点法律意见书》之中。

第19步：撰写《辩点法律意见书》

经过上面的一系列工作，现在，本案有哪些辩点，各个辩点的依据、证据有哪些，都是什么种类，不同辩点的等级是什么，这些都已经非常清晰了。但是，我们同时也看到，这些辩点和内容还都体现在思维导图中，埋藏在辩护人的脑子里。

本步要做的，就是把辩点的成果书面化，**以辩点为单位，按辩护词的标准，撰写《辩点法律意见书》**。

一、撰写《辩点法律意见书》就是将辩点书面化

《辩点法律意见书》是“辩点闭环四步法”特有的一种法律文书。具体内容和要求有两个。

1. 以辩点为单位。《辩点法律意见书》的核心是辩点，只需要根据第18步制作的辩点思维导图，再结合强化时找到的法律法规、法学理论文章、案例等，将辩点一个一个地写出来就可以，不需要考虑整个辩护的策略（有罪还是无罪），

也不需要考虑发问、质证。

2. 按辩护词的标准。《辩点法律意见书》的撰写要求与《辩护词》一样， 需要有理（法律）有据（证据）地将辩点完整地表述清楚。标准与《辩护词》相同，可以说是《辩护词》的蓝本，不过不必考虑具体的谋篇布局。

二、撰写《辩点法律意见书》的三大好处

撰写《辩点法律意见书》，并不是增加辩护人的工作量，不是重复劳动，而是有其特有的作用。

第一，把前面步骤强化后、归过类，分过级的辩点（图2-10），及强化时找到的法律法规、法学理论文章、案例等整理为书面的《辩点法律意见书》，是在自己对卷宗内容最熟悉、对辩点理解最深刻的时候趁热打铁撰写，可以防止遗忘、遗漏，减少之后反复查阅证据、依据的时间。

第二，在自己思维最为清晰的时候拿出这份高质量的《辩点法律意见书》，手上就有了一份可以随时稍加修改就能使用的“多用”法律文书。这份《辩点法律意见书》可以修改为交给检察官的《律师法律意见书》，可以修改为出庭时使用的《辩护词》。有一个成熟的蓝本在手，不仅能减轻之后的不少工作量，还能避免临时需要时手忙脚乱。

第三，尽早发现问题。**如果写不下去，碰到难写的地方就代表辩点无法自圆其说，无法形成闭环。**有的时候，想是一回事，写是另一回事，辩点更是如此。可能在思考的时候，觉得这个辩点一定能行得通，已经闭环，但在写的时候才发现不是这样的。撰写《辩点法律意见书》，是对辩点最有效的检验。不要怕麻烦，早写，才能早发现问题。

三、辩护策略与撰写《辩点法律意见书》的关系

为什么要在下一步制定辩护策略（第 20 步）前把全案的辩点都写成《辩点法律意见书》，难道不是应该先制定辩护策略，再根据制定好的辩护策略撰写《辩点法律意见书》吗？

原因在于：案件的情况可能随时会发生变化。例如，在一个可辩无罪，可辩罪轻的案件中，当事人本来是要认罪的，律师根据制定好的辩护策略撰写了《辩护意见》，但在开庭前几天，当事人又突然决定，绝对不认罪，要求辩护人为其作无罪辩。又如，当事人一直对辩护策略非常纠结，无法决策，往往在接到开庭通知书时才会下决心。上述情况在我的执业生涯中不止一次碰到。我认为，提前准备，是有效避免上述情况几乎唯一的方法。无论下一步制定的辩护策略是什么，本案的所有辩点就是这些，先把这些辩点撰写为《辩点法律意见书》，提前做好准备，以防万一。之后在策略确定后再选用就行。

第 20 步：制定辩护策略

先想好打不打，再想怎么打。

之前种种对辩点进行的准备仅仅是一件件摆放整齐的“兵器”，这些“兵器”用不用，怎么用，都得按最后制定的辩护策略最终决定。

一、辩护策略与出庭策略的区别

制定辩护策略，一般来说，就是指制定出庭策略。但是，由于当下的刑事辩护在起诉阶段被告人及辩护人就面临是否要作认罪认罚的考虑，所以辩护策略又不完全等同于出庭策略。

辩护策略指的是包括出庭策略在内的，所有有关辩护的方向、步骤的宏观策略。**辩护人在制定好辩护策略后，除非策略有所改变，否则所有的工作都得围绕已经制定的辩护策略进行。**

二、辩护人在制定辩护策略时，要思考下面几个问题

1. 要认清并分析当前的局势。当前与本案有关的办案机关分别是什么态度？当事人在整个案件中的处境如何？什么对他有利，什么对他不利？

2. 作为辩护人，最佳的辩护方案具体是什么？对自己的当事人是作无罪辩护还是罪轻辩护？在哪些情况下，或者具备哪些条件下，可以作无罪辩护；在哪些情况之下只能作罪轻辩护。如果作罪轻辩护，应该怎样辩护？是否谈认罪认罚？怎么谈？

3. 整个团队同意这个方案吗？大家认为哪一种是最佳方案？

4. 当事人及家属对案件的预期是什么？要求辩护人作无罪辩护还是罪轻辩护？如果认罪认罚，什么罪名？几个罪名？多少年的刑期可以接受？辩护人认为的最佳方案，当事人及家属不认同时应该怎么办？

三、与当事人及家属讨论辩护策略

辩护人认为的最佳辩护策略确定后，因为直接关系到当事人的自由、财产、名誉，乃至生命，所以律师必须得将制定的辩护策略与当事人及家属进行讨论。

策略是宏观的，方案是微观的。辩护策略的讨论应该是讨论宏观的决策，而非具体的方案。就像医生做手术一样，做不做手术，由病人决定。手术怎么做，则由医生决定。所以，辩护人只需就宏观决策与当事人及家属进行讨论，核心内容有三个：

对当事人是作有罪辩护还是无罪辩护？

如果作无罪辩护，现有的辩点是否支持？

如果作罪轻辩护，律师的方案是什么？

需要重点说明的是：这种讨论，有时三方能形成一个统一的意见。更多的时候会存在多方意见：一是当事人自己的意见，二是辩护人的意见，三是家属的意见（家属之间意见可能又不一样）。

很多辩护人，不怕案件难办，就怕当事人及家属或者与律师意见不一致，或者左右摇摆，拿不定主意。律师为了规避职业风险，一般也不会替当事人决策。至于最终的辩护策略应该怎么定，如果各执一词，最终的决策标准又是什么，不同律师有各自的见解，就不是本书的内容了。

有时不是一次讨论就能定下来，有时还需要多思考，有时只能先走一步看一步，到了最后日期当事人才会作出决定。

第 21 步：组合辩点、形成合力

在前面的工作中，我们区分了辩点的种类，划分了辩点等级，撰写了《辩点法律意见书》，并且还制定了辩护策略。

这一步，就是在上述工作的基础上，以制定的辩护策略为指导，组合辩点，形成辩点合力。

组合辩点的过程，就是一层层搭建辩护金字塔的过程，辩点组合出来了，具体的辩护方案也就有了，辩护词的结构也就大体出来了。

一、组合辩点要为整个辩护策略服务

组合辩点，是在第 18 步已经给辩点分过类，分过级的辩点思维图上进行，所以工作量较小。与第 18 步最大的区别就在于，本步是在第 20 步制定辩护策略的指导下进行的。

组合辩点是为整个辩护策略服务的，**有什么样的策略，就**

会组合成什么样的辩点。要敢于为了最终辩护策略进行辩点的取舍。例如，对定罪没有争议的案件，在组合辩点时，就应该大胆地删除大部分关于定罪的辩点，而把时间（主要是庭审的时间）节约下来用于量刑辩点上。

二、组合辩点，是一个动态的过程

这里要特别注意，组合辩点，是以制定的辩护策略为指导，根据这个策略，动态地思考，尝试不同的辩点组合方式及产生的效果的过程。

组合辩点的作用是要形成辩点之间的合力。如果说第 18 步是对辩点等级的划分，那么本步就是对辩点的“排兵布阵”，一定要对组合的辩点进行反复推敲，反复思考，同样一支军队在不同的指挥官指挥下，实战效果肯定是不一样的。

三、以最小辩护目的为单位

组合辩点，是以一个最小的辩护目的为单位。简单地讲，组合辩点就是把一些小辩点组合成一个大辩点的过程。例如，自首是一个小辩点，但是可以和退赃、认罪态度等组合在一起成为量刑方面的大辩点。

四、常见的组合辩点的方法

组合辩点，常见的方法有两种。

一是按一个罪名的构成要件要素进行组合。

二是按照定罪、量刑进行组合。

五、特殊情况，要敢于打破条条框框

组合辩点，要敢于打破定罪、量刑这些条条框框。

例 1：把辩点按照在庭上发表辩护意见的逻辑顺序，进行逻辑组合。例如，某一组织领导黑社会性质组织罪的案件，起诉书按照时间的顺序，把当事人描绘成一个无恶不作的坏人。我在辩护中，就打破了定罪、量刑这一框架，没有按传统的“组织性、经济性、行为性、危害性”为框架辩护，而是也按时间顺序逐一驳斥，并且把上述四性涵盖于时间顺序中。

例 2：某故意杀人案，我作为被害人的诉讼代理人出庭，在公诉人对定罪量刑发表了公诉意见后，我就从该案发生的时间、地点、原因、手段等 10 个方面提出了十大必须判处被告人死刑的理由。

第 22 步：写辩护词、发问提纲和质证提纲

辩护词、发问提纲和质证提纲是每一位辩护人都要在出庭前准备好的，用于出庭的重要资料。其中，辩护词还要在庭后提交给法庭，作为辩护人最终的辩护意见，尤其重要。

完成了辩护词、发问提纲和质证提纲的写作，整个案件的准备工作就全部完成了。

一、本步写作所需资料

我们之前在第 19 步撰写的《辩点法律意见书》，第 20 步制定的辩护策略及第 21 步的组合辩点，都是本步撰写辩护词、发问提纲和质证提纲的重要资料。三者的关系如下。

发问提纲、质证提纲、辩护词的撰写，依然是在辩护策略的指导下进行的。**辩护策略是核心，无论是辩护词，还是发问提纲、质证提纲，都是围绕辩护策略展开的，都是为实现辩护策略服务的。**

辩护词的撰写，就是按照第21步重新组合过的辩点思维图，将《辩点法律意见书》进行文字组合、修改的一项工作。

二、辩护词的撰写

组合后的辩点思维图（第21步），已经完成了对整个案件的排兵布阵，排兵布阵有了，辩护词的结构就也有了。

有了这个结构，辩护词就好写了。我们只需要按这个重新组合后的辩点思维图(第21步)按图索骥,以《辩点法律意见书》为文字资料，把《辩点法律意见书》调整顺序、删减整理一下，一份辩护词的初稿也就出来了。

在之后的工作，同之前撰写辩护词没有什么区别，同样是进一步的修订，完善即可。

三、先写辩护词，再写发问提纲和质证提纲

这么做的原因是：从辩点到辩护词，再从辩护词到发问提纲、质证提纲，这是一个循序渐进的过程。辩点出来了，才能制定辩护策略；辩护策略出来了，才能写出辩护词；辩护词写出来了，才需思考如何用发问、质证（举证）程序配合最后的辩论。

举证一般不需要单独写一个提纲。

四、三者之间的关系

发问提纲、质证提纲、辩护词，三者是律师出庭依靠的文字材料。三者的写作，不是孤立的，是律师出庭前要完成的最后一次闭环。

三者的运用，也不是孤立的，而是从三个角度相互配合实现既定的辩护策略。

第 23 步：运用辩点，发动饱和式辩护

“饱和式辩护”的灵感源于军事术语“饱和式攻击”。饱和式攻击是一种攻击方式，是指采取不同制导武器，全方位、多数量同时进行攻击。我认为，运用辩点时，也要全方位、多数量地对一个辩点进行辩护才能充分发挥这一辩点的作用，从而达到目标辩护效果。

一、饱和式辩护应该是无差别的

无论辩护人做的是无罪辩护还是罪轻辩护，都应该按照既定辩护策略，充分地、饱和地运用辩点展开辩护工作。

饱和式辩护，作无罪辩护时好理解。但是，在一般情况下，如果对当事人做的是罪轻辩护，特别是已经在起诉阶段作了认罪认罚，那么很多辩护人都会认为这种案子已经没有更多的辩护空间，还怎么开展饱和式辩护呢？

这里用一个例子来说明。在某案中，辩护人在当事人已经

作了认罪认罚的情况下，依然在量刑方面进行如下饱和式辩护。

一是从调查、起诉、庭审三个阶段，对认罪认罚的自愿性进行了分阶段辩护。在调查阶段，被告人多次表示愿意认罪认罚（辩护人进行了证据列举）；在审查起诉阶段，被告人于2022年7月21日自愿签署《认罪认罚具结书》，认可检察机关认定的贪污罪、挪用公款罪以及私分国有资产罪三个罪名，也认可检察机关出具的量刑建议；在审判阶段，被告人当庭表示认罪认罚的自愿性，愿意接受刑罚处罚。良好的认罪态度在三个阶段保持一致，得到了各办案机关的肯定，应该在最终量刑时给予考虑。

二是对自首的情节作了深度辩护。根据被告人在本案中的自首情节，应综合考虑自首的动机、时间、方式、如实供述的程度以及悔罪表现，特别是如实供述同种罪行较重的，一般应当从轻处罚。

三是多次退赃，被告人及家属一筹到钱就积极退赃。在被立案调查前积极主动退赃124万元；在审查起诉阶段已退缴剩余款项141.86万元；在与检察机关签订《认罪认罚具结书》之前，已将涉案赃款全部退缴。这种主动、连贯的退赃行为应该给予积极的法律评价。

综上所述，辩护人认为，被告人完全符合“主动认罪”“早认罪”“彻底认罪”“稳定认罪”的情节，应当在量刑方面充分考虑。

最后，本案的辩护效果最终也在量刑（特别是罚金刑）上得到了肯定。

二、辩点运用，应该是一个整体

新手出庭时犯得最多的错误之一就是没有把发问、质证和辩论当作一个整体，而是相互割裂，各自为战。

例 1：在发问环节，某律师一直盯着各同案犯发问，问及各自的分工及作用，一般是要进行主从犯方面的辩护，结果他在发表辩护意见时对此只字未提。

例 2：在质证环节，某律师对《鉴定意见》发表了 10 多分钟的质证意见，从送检的检材到依据的法律，一般认为他会在辩论时对鉴定提出意见，结果是对《鉴定意见》完全认可。

例 3：某律师在发问环节和质证环节都没有问自己的当事人在公安机关的供述是否属实，也没有在质证环节质疑，到了辩论环节，突然提出当事人的供述是在被诱供的情况下作出，要求法庭不要采信。

以上种种操作，常见于法庭。

运用辩点应该把整个庭审当作一个整体，发问、质证、辩论，不过是从不同的角度，运用不同的方式，层层推进，论证辩点成立。

例如，当事人在公安机关侦查涉嫌盗窃时还主动供述自己曾经杀了人。我们知道，这种情况可能构成特殊自首。

那么，如何从发问、质证、辩论三个环节，针对同一辩点发动饱和式辩护呢？

1. 在发问环节，可以重点发问：知不知道故意杀人会判多少年？知不知道故意杀人比盗窃要重？既然知道，为什么还要在公安机关侦查盗窃时主动供述自己故意杀人的犯罪行为？

2. 在质证环节，可以重点强调杀人的刀已经隐藏了3年，如果不是被告人主动带领公安机关找到，公安机关很难发现这个最重要的物证。

3. 在辩论环节，可以重点从轻罪被抓，供述重罪；带领公安机关找到重要物证，节约了司法资源等方面，综合辩护认为这种情况的自首行为，应当按自首的最高量刑幅度从轻、减轻处罚。

一个辩点，最少要在上述三个环节中如此配合，才能叫打穿了这个辩点。

三、前期的辩护要为后期的辩护提供势能

饱和式辩护，不是简单地指辩护的量大，辩护的频次多。**饱和式辩护的精髓还在于前期的辩护要为后期的辩护提供势能。饱和式辩护，应该是层层递进式的辩护**，就像电影《叶问》中叶问的快拳，打向对手的每一拳都是在为下一拳增加势能，拳拳递进。

这么说太抽象，举个例子：

某受贿案中，当事人家属发现了一张20万元的收条，想证明该案中有20万元已经交过购房款，是正常的购房行为，不是行受贿行为。辩护人拿着收条去看守所会见被告人，被告人说，这张收条的事在留置期间已经说过了，但当时自己不记得收条在哪里，所以想着没证据证实，加上行贿人的供述中又包含了这20万元，所以也就承认了。

这是辩护人在办案中查找到的一个疑似辩点，如果辩护人仅在法庭上举证，出示这张收条，公诉人可能会说，证据来源不明，不具备合法性。

那么，对这个辩点，如何发动饱含式辩护？

我们分三个层次进行了饱含式辩护。

第一层，辩护人为找到收条的当事人家属作了笔录，让其说明收条的来源，之后，辩护人拿着笔录和借条找到法官，申请鉴定收条上的签名、收款公司印章是否与该公司的法定代表人（本案中的行贿人），以及该公司的印章具有同一性。法官把申请转给检察院，检察院转给监察委，但无下文。

第二层，辩护人知道这份申请很可能无任何回音。为此，辩护人找到鉴定机构，作了该公司《购房合同》的印章与收条上的印章具有同一性的鉴定。同时，让被告人的妻子查询了这个时间点几张卡的银行记录，发现有一张卡的确在收条日期的前一天有过 20 万元的提现。

第三层，出庭时，辩护人在发问、举证、辩论三个部分进行配合。首先，向被告人发问如下问题：

购买该房屋有没有交过相应的款项，对方有没有出具收条？

为什么出具了收条，但是在监察委所作供述中没有提及该收条？

这 20 万元是否属于受贿行为？

被告人的供述，是以当庭供述为准，还是以之前供述的为准？

接下来，在举证环节出示该被告人家属的笔录、收条、《购房合同》、《鉴定意见》、20 万元的银行流水。证实被告人当庭的辩解是与多份书证相互印证的。

当然，检察官可能会说，收条不具有合法性，《鉴定意见》关于印章的鉴定与本案没有关联性。

但从法官的角度思考：

一方面，能证实被告人受贿的证据其实也就两份：一是行贿人的证人证言，说自己送了 20 万元。二是受贿人的供述，说自己收了 20 万元，两份证据都是言词证据。本案是对合犯，现在一方证据已经发生了改变，如果被告人的供述被否定，这个案件剩下的证据很可能就是一份孤证。

另一方面，被告人的当庭翻供得到了多份书证的印证。至少，控方的证据没有达到确实、充分的标准。这个案件就变成了一个不能排除合理怀疑的案件。

三波饱和式辩护下来，是不是比只把收条向法庭出示要好太多？

第 24 步：做好收尾工作，及时复盘总结

案件开完庭后并不代表案件结束了。要做好收尾工作，完成两次复盘。

一、做好收尾工作，完成第一次复盘

一般情况，我会在开完庭之后的当天（最迟不超过第二天）做两项工作。

一是趁着刚开完庭，对庭审情况记忆最深时，及时根据开庭的变化修改最符合案件开庭情况的辩护词。

二是趁着刚出完庭，对案件最有感觉，在思路最清晰时与协办律师、律师助理一起针对当天的开庭情况进行第一次复盘。这一次复盘仅针对开庭的情况。例如，庭前制定的辩护策略有没有执行好？法庭语言表达如何？律师应对法庭上的各种情况表现如何？律师之间的配合如何？等等。

另外，由于案件开完庭后还会有一个结果等待期，在此期间要根据工作需要会见当事人，与家属进行沟通，思考后续有无需要补充辩护的情况。

二、完成第二次复盘，做好知识管理

待拿到判决书后，要及时进行第二次全面复盘。第二次复盘的重点是知识管理。

实际上，所谓的办案高手都是善于总结的人。这些高手通过办理一个这种类型的案件，就能大体总结出这类案件的规律，再以这个案件为点，扩大到对这一类案件知识点的学习，从而达到办理一个案件，掌握这一类案件的水平。**每办理一个案件都是一次刻意练习，每办理一个案件都应成为办理下一个案件的阶梯。**

第二次复盘时，应该做些什么？

1. 总结法律法规和法学理论知识。办案中会用到的法律知识（法条、理论）一般都散见于各种法律工具书和文章中，我们应该办理一个案件就对这一类案件的法律知识进行一次全面的学习和总结，而且最好形成文字。

2. 总结判决结果。公诉人在法庭上提出的公诉意见法官是如何看待的，是否采纳。辩护人提出的辩护意见，法官又是如何看待的，采纳了多少。这个案件，法官裁判的理由是什么，辩护策略制定得正确吗，庭上作出的应对准确吗，这些问题，多多少少都可以从判决书中找到答案。

3. 总结办案件经验、办案技巧和办案实用信息。每一个案件都有其自身的特点，我们在办案的过程中会遇到不同的难题，除了法条知识、理论知识、判例之外，我们还要多关注办案的经验、技巧的总结。例如，法庭发问中什么问题没有问好，让公诉人抓住了把柄；出示证据时，按什么顺序出示能在法庭上获得更好的效果。另外，工作中还会用到一些与法律无关但对之后办案很有帮助的信息，例如某个看守所的地址。

上述收集整理工作，看着复杂，但真正做起来也就是顺手的事。试想，如果一辈子都要从事法律工作，那么这些知识是要用一辈子的。**花上两三年时间在案子中多总结就能初见成效，之后有新的内容了补充进行即可，这种时间投资是值得做的。**

三、特别重要的知识，要提炼成文字

对某些案件中的某一点或者某几点特别有启发的知识，要提炼成文字。这种文字可以是案例分析，办案经验总结，甚至是办案小故事。

总之，多写才能会写，这些留下的文字也是之后用于文章发表、出书，讲课的重要资料，也是办案生涯中的足迹和财富。

第三章

“辩点闭环四步法”实践要点

基本功是“辩点闭环四步法”能否发挥威力的关键

这套方法基本成型后，为了验证、改进，我让几位年轻律师在办理几个新案件时按照这套方法完整地实践了这四大步，24 小步。

我发现，这些通过法考，刚刚参加工作的年轻律师，基本的法律功底，逻辑能力，学习能力都不错。对这套方法的具体步骤，工具使用只要稍加讲解，就能基本掌握，但是在具体实践时上交的工作成果却不尽如人意。下面是两个真实的例子。

例 1： 在解构《起诉意见书》时，看到犯罪嫌疑人挪用公款的时间是 2013 年 7 月至 2014 年 1 月，已经超过 3 个月，且数额达到立案标准，就认为没有问题。但是没有发现，这个案件立案的时间是2022年，是不是可能已经过了追诉时效？这种疑似辩点没发现，说明还是不能对法律规定融会贯通，综合判断。

例 2： 在阅卷时，没有发现其中的一份《自书材料》是犯罪嫌疑人（一名前警察）在关禁闭期间写的，里面供述了自己大部分的受贿行为。在禁闭期间主动供述自己的主要犯罪事实算不算自首？这个问题考察的就是辩护人对自首立法本意及类推解释的理解。①

以上两例仅是第一大步“查找”中的例子，之后的验证、强化、运用，一步比一步难，出现的问题会更多。

这套方法容易掌握，但是如果法学功底不扎实，办案经验不足，办案技能上有待提高的话，这套方法也不可能完全发

① 允许有利于被告人的类推解释，正是为了克服形式侧面的缺陷，实现刑法的正义。例如，《刑法》第 67 条第 2 款规定：“被采取强制措施的犯罪嫌疑人、被告人和正在服刑的罪犯，如实供述司法机关还未掌握的本人其他罪行的，以自首论。”现实中存在这样的现象：被处以治安拘留的违法人员，在拘留期间，主动如实供述司法机关还未掌握的本人其他罪行。该主体显然不符合《刑法》第 67 条第 2 款的规定，其行为也不符合《刑法》第 67 条第 1 款规定的“自动投案”的成立条件。然而，如果不以自首论，则显失公平。参见张明楷：《刑法分则的解释原理》，中国人民大学出版社 2004 年版，第 14~15 页。

挥出其应有的威力。**同样的卷宗，到了一个人的手里只能签认罪认罚具结书，到了别人的手里，却处处是生机。**

一、刑事辩护的基本功是什么

“辩点闭环四步法”就像一套拳法，由功力深厚（刑事辩护的基本功扎实）者使用，方能发挥出最大的威力。

什么是刑事辩护的基本功呢？就是对法学理论知识、现行法律规定（法条、司法解释等）及基本办案技能（证据分析、出庭、文书写作等）的掌握程度，是一名刑事辩护律师最基本的知识和技能。

掌握这些知识是应当，而不是可以。但是，有很多年轻律师在上大学时由于各种原因，法学功底并不扎实。这主要反映在对法学理论懵懵懂懂，对法律实务更是一知半解。实习期间，由于实习期短，如果再加上没有良好的入职培训及由**能教、想教、会教**的老师带，基本功不扎实的情况会进一步加剧。拿到律师执业证后，如果急于独立执业，把一部分时间用于案源开拓，往往把法学理论知识、现行法律规定及基本办案技能的学习放到更为次要的位置。

可以说，**很多律师基本功不扎实的问题从上大学开始就一直存在，并且从实习到执业一步步加剧。**这种不扎实导致的结果就是办理具体案件时，面对一个个实实在在的实务问题时不知所措，无从下手，力不从心。

二、刑事辩护的基本功扎实的标准是什么

我非常尊崇英语逆向法的创始人、复读机的发明者钟道隆教授。钟教授在英语学习基本功方面提出了“会、熟、化”的概念，钟教授用了一个英语学习的例子来说明：英文中从1月到12月这12个单词（“January”~“December”）如果能慢慢地依次正确地朗读与拼写出来，就属于“会”的程度。如果能无序地听到、看到或说到任何一个月时，只要稍加思考就能正确回答，就属于达到“熟”的程度。如果能“脱口而出，信手拈来”，就像听到或看到汉语一样轻松自如地作出判断，就属于“化”的程度。

在刑事辩护的学习中，我也建议把钟教授“会、熟、化”的理论运用到其中。我们上文提到，刑事辩护的基本功包括法学理论知识、现行法律规定（法条、司法解释等）及基本办案技能（证据分析、出庭、文书写作等）。

我认为对法学理论知识、现行法律规定来说，“会”是知道一个法律知识点的最基础知识，看到或听到某个法律知识点时不陌生，能说出基本的规定。“熟”还得对更深层次的具体、复杂的规定有所了解，知道有哪些司法解释及地方性

规定，并知道该知识点现行的主流法学理论有哪些。“化”是知道上述法律知识在司法实践中是怎样实际运行的，实践中的真实情况是怎样的。

对于法学理论知识、现行法律规定的“会、熟、化”还有一个程度问题，一名刑辩律师，对刑法的学习要达到什么程度才算合格呢？对这个问题，陈兴良教授的观点是，“假设所有刑法知识的总量为100，同时假设一名刑法教授应该掌握的刑法知识是100%，那么，大体上而论，一名本科生应该掌握的刑法知识是30%，一名硕士生应该掌握的刑法知识是50%，一名博士生应该掌握的刑法知识是70%，一名副教授（包括博士后）应该掌握的刑法知识是90%”。[①] 我认为，对于一名以刑事辩护为主业的律师来说，自己对刑法知识的掌握最少应该达到陈教授所说的“硕士生”的程度，也就是“应该掌握的刑法知识是50%”，当然这里的“硕士生”指的不是学历，而是学力，是实际的知识掌握，而不是一本证书。

对于基本办案技能来说，“会”是基本掌握了证据分析、出庭、文书写作等基本办案技能，并能在一定程度上用于具体案件的办理中。“熟”是熟练掌握基本办案技能，并在具体办案中能够随机应变。“化”是对基本办案技能信手拈来，

---

① 陈兴良：《教义刑法学》（第3版），中国人民大学出版社2017年版，第23~24页。

并且还能创造性地使用。

对法学理论知识、现行法律规定及基本办案技能这三者能否无缝衔接并灵活运用也要参考“会、熟、化”的标准。

这里提醒大家，律师要重视对法学知识（特别是法学理论）的学习，但**律师是律师，法学家是法学家，一个重实务，另一个重理论。**二者当然有很大一部分重合，但二者毕竟是两种不同的职业。

综上所述，我强调的是刑事辩护基本功的重要性，或者可以说，基本功比什么都重要！**“辩点闭环四步法”只是招式，基本功才是内力**，如果感觉自己的基本功太差，我建议先进行一个系统的“补课”。

三、刑辩基本功与“辩点闭环四步法”的关系

“辩点闭环四步法”是基于辩点打法的一套完整的闭环流程，而刑事辩护基本功则穿插、渗透、运用于“辩点闭环四步法”的24小步中，二者相辅相成。

例如：

第9步让疑似辩点“有法可依”，第15步强化依据，都是在考验一名辩护人的法律功底与法律检索能力。

第 14 步强化证据，则是对一名辩护人证据法的学习和理解，以及取证能力的考验。

第 19 步和第 22 步对一名辩护人的法律写作能力提出了要求。

第 23 步运用辩点，发动饱和式辩护，则是对一名辩护人从发问到质证，再到辩论这三项出庭能力的全面检验。

可以说，“辩点闭环四步法”不仅需要，而且同时也考验、历练着一名辩护人完整的辩护技能。

四、如何通过学习夯实基础，提高能力

对本书，花上一两天就能读完，实践三五个案子就能体会。但是，能否真正发挥作用，还得靠刑辩基本功。基本功不是一本书、几节课或者办几个案子就能掌握的。

不同辩护人之间办案能力的差别，除了天赋外，更多的还是要靠日常的学习、积累。那么，如何通过学习扎实刑辩基础，提高办案能力呢？我认为可以从以下几个方面着手。

（一）把每一个案件都当作一次系统学习的机会

办案中，我们常常会碰到需要运用某项自己不熟练的技能或者办理某类没有办过的新型案件，碰到这种情况，一定要

把这个案件当作一次系统学习的机会。由于大部分案件都会有一个相对较长的办案周期，所以，在时间上也给了我们系统学习的条件。

例如，我在办理一个故意伤害的案件中，发现这个案件如果要想取得突破，必须要在证据法上下功夫。之后我购买了多本证据法的书籍，边办案子边学习。读完三四本书之后，对证据法方面的辩点豁然开朗，之后把学到的东西用在案件办理中，这个案件也成为我作为辩护人第一个被法院判决无罪的案子。

（二）理论知识的学习适合单点突破

刚开始进入法律这个行业时，我一直对纯理论的学习比较抵触，一是由于太枯燥读不下去，二是当时觉得读了也没有什么用。但是现在办的案子越多，碰到的“疑难杂症”越多，越能发现理论的重要性。法学理论功底深的人往往能够发现别人发现不了的问题，找到别人找不到的辩点，与办案人员交流起来也更有说服力。

我知道律师们的工作都很忙，这里跟大家交流一个“单点突破”的方法，我在办案时喜欢趁着办案需要，把案件用得上的某项自己不熟悉的理论知识、法律规定强化学习，“专项提高”。具体方法是，先按专题需要把现行相关的法律法规学习一遍，之后再把相关理论书籍中的相关内容读上一读，最后把引用最多或者几位法学家的论文下载下来阅读。这样可以在短时间内单点突破，专项提高某一方面的理论知识。

另外，案例也很重要，如法院、检察院的指导案例，只要一发布就应该认真阅读，至少知道有些什么新内容。还有一些专门出版的案例集，也可以快速翻阅。对于辩点来说，平时我最喜欢的一类案例还是其他的律师总结的办理成功案件的心得体会，这些案例说不一定在将来的某一天会激发自己办案的“灵感”。

（三）刑事辩护技能最好分块专项培训

对质证、发问、辩论、文书写作，以及一些专业软件的学习，最好还是参加一些专项的线上或者线下的培训，分块的专项培训提高较快。

例 1： 学习阅卷技能时，线上有很多讲座、课程，有的收费(也不高)，有的完全是免费的，如果想要专项提高阅卷技能，花一两周的时间，选择一些网络上的讲座、课程集中起来专项学习，效果非常好。

例 2： 参加一个为期几天的针对刑事鉴定的培训班，可以大体知道一个与鉴定有关的案子能在哪些地方发现辩点，以及应该如何应对。当然，几天的培训肯定是不可能精通鉴定，但最少能够初步构建起一个鉴定知识的大框架，知道以后如何继续学习，与自己的摸索相比，至少大方向不会错。

例3：针对一些类罪（如职务犯罪、毒品犯罪、诈骗犯罪）辩护的讲座、课程也非常适合专项提高。

这些年我的一个学习感受是，无论是辩护技能还是类罪辩护，分块专项培训更能系统、快速地搭建起某一局部的专业技能框架。至于线上还是线下，则根据个人的学习能力及学习方式自行决定即可。

最后，强调一点：**辩点是无穷无尽的，所以学习也是无穷无尽的。**我在检察院反贪局工作的时候，几乎购买了市面上能买到的所有反贪业务的书籍，有部分还是绝版书的复印本。调到反渎局工作以后，又购买了市面上能买到的所有反渎业务方面的书籍。

书籍和文章读得越多，思考的广度和深度就越全面、越深入。做刑辩律师以后，无论是业务书籍还是理论文章，每每读起来都会在书和文章中激发出灵感。可能某本书读过之后，当时感觉没什么帮助，但若干年后，办理某个案件时，就可能把案子和书中的某个观点、某种方法联系起来。再次阅读后往往有所收获。所以，学得越多，辩点越多；学得越深，辩点越锋利。

有案子时办案子，没案子时多读书。

难点、疑似辩点、准辩点、辩点、伪辩点的联系和区别

大家可能发现了，在“辩点闭环四步法”中，出现了“难点”、“疑似辩点”和“辩点”这些具有不同概念的词。为了加强理解，避免混淆，这里我作一下总结，并且讲讲它们之间的联系和区别。

一、难点

难点，就是让辩护人感到为难的点。在刑事辩护中，难点非常多。例如，明明知道某些证据是在避轻就重，指供、诱供，但在卷宗里的确能够相互印证、形成锁链。又如，某些无罪、

罪轻证据办案机关明明可以轻松取证，但就是阻力重重。

难点比比皆是，但是一旦破解难点，案件就会出现颠覆式的转机。

二、疑似辩点

辩护人从这个案件中查找到的所有假设和猜测就是这个案件的疑似辩点。之所以把它们统称为疑似辩点，就是因为这些假设和猜测还没有经过验证，所以还不是辩点，只能统称为疑似辩点。

疑似辩点会在第 7 步，制作成“疑似辩点思维导图”。

假设和猜测都可以称为疑似辩点，但二者有时相互交叉，很难区分。当然，也没有必要区分得那么清楚，因为二者虽然来源不同，但最终都会被称为疑似辩点。

（一）假设

假设不等于辩点。**假设是不需要证据作为支撑的**，既然是假设，就应该大胆一点，可以无中生有，凭空假设。

假设虽然不需要证据作为支撑，但当然也是要有基础和来源的。基础主要是涉案罪名和基本事实。来源主要是办案经验、法律规定和法学理论。

多数假设源于一名律师的办案经验，特别是办理类案的经验。例如，一个“酒驾”的案子，无论卷宗里有什么证据，你都应该问当事人：你酒后驾车的原因是什么？是否有急事要去办？车行驶的是什么道路？警察是怎么抓到你的？抓你的是警察还是协警？在哪里被采的血？采血的是警察还是医生抑或其他人？采血时是怎么消毒的？等等。以上问题包括了主观动机，紧急避险，公安机关程序违法，血液酒精含量检验程序违法等多种假设。这些假设几乎不可能从卷宗里找到任何线索，辩护人只能凭经验发现，然后再小心求证。

少数假设源于法律法规和法学理论，例如，涉案的犯罪嫌疑人是单位的出纳，辩护人就得问问，是否有将贪污、受贿的赃款赃物用于单位公务支出的情况，如果有，就可能成为一个辩点，在量刑时可以酌情考虑。①

（二）猜测

猜测不等于辩点。**猜测需要一定的证据作为支撑**，既然是猜测，那么只要有一点蛛丝马迹，就应该大胆去猜，敢于怀疑。

猜测源于蛛丝马迹，阅卷、会见当然是最主要的方式。另

① 最高人民法院、最高人民检察院《关于办理贪污贿赂刑事案件适用法律若干问题的解释》第 16 条规定，国家工作人员出于贪污、受贿的故意，非法占有公共财物、收受他人财物之后，将赃款赃物用于单位公务支出或者社会捐赠的，不影响贪污罪、受贿罪的认定，但量刑时可以酌情考虑。

外，与当事人的家属、同事聊聊，听听他们的看法；或者让家属找一找他们自己认为的与案件有关的书面材料、电子设备，都是获取蛛丝马迹的渠道。

三、准辩点

经过“验证”步骤留下的疑似辩点，就是准辩点。

四、辩点

经过“强化”步骤后的准辩点，就是辩点。

五、难点、疑似辩点、准辩点与辩点的关系

这些点的关系基本上是两方面：

一方面，层层递进。查找到的假设 + 猜测，组合成了疑似辩点。疑似辩点经过验证后成为准辩点。准辩点经过强化后才能成为辩点，只有辩点才能运用，见图 3–1。

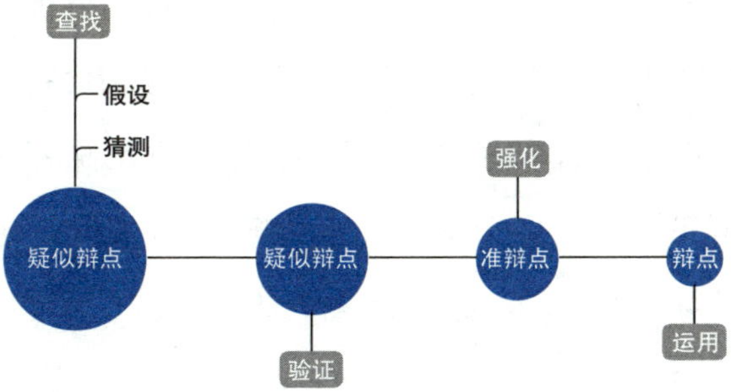

图 3–1

另一方面，一正，一反。**辩点是辩方的武器，难点是控方的武器，它们之间可以相互转化，互为铠甲，也互为软肋。**

六、警惕伪辩点

没有找到辩点，找到的辩点形成不了有效闭环，或者威力不够强，这些都不是最可怕的，最可怕是看上去有用，但实际有害的伪辩点。

这种辩点不但不伤对方，还只伤己。要多多警惕！

例如，检察机关起诉某公司总经理张三犯行贿罪，共行贿三次，每次均是 500 万元，总额 1500 万元。但辩护人发现，其中有两笔是为了单位的利益行贿，而且用于行贿的钱源于单位，单位的管理层都知道。这两笔完全可以从单位行贿的角度进行辩护。

但是，我们分析一下，假设这两笔辩护成功，定了 1000 万元的单位行贿罪（5 年以下），张三作为直接负责的主管人员承担刑事责任。但是张三还有一笔 500 万元构成行贿罪（10 年以上）。如果这样辩护且成功，那么辩护人就成功地把一个罪（行贿罪）辩护成了两个罪（行贿罪 + 单位行贿罪）。在这个案件中，单位行贿罪就是一个伪辩点。

以上只是用一个比较容易理解的例子进行说明，在真实的法律实践中要比这个复杂得多。比如，在侦查阶段情况不明时，因为只听当事人的一面之词，就申请调取了一份用于证明A罪罪轻的合同，但在审查起诉阶段看到卷宗才发现，不但不是好辩点，反而成为证明自己当事人构成B罪的关键证据之一。

四大步中的辩点规则

我在前面提到，辩点是层层递进，一步步形成的，查找到的假设 + 猜测，组合成了疑似辩点。疑似辩点经过验证后成为准辩点。准辩点经过强化后才能成为可以运用的辩点。其实，在之前的各个步骤中，已经就辩点在这四大步中逐渐形成的过程以及区别、变化分散地做过讲解，这里为了防止混淆，我再统一归纳一下四大步中关于辩点的几个使用规则。

一、查找时，“宁滥毋缺”，动态查找

在查找辩点这个环节，常常会遇到一个问题。一部分查找

出的疑似辩点（假设＋猜测）处于“鸡肋”的地位。一方面，有时候明明感觉这种低级错误办案机关不可能犯，这些假设和猜测肯定会随着进一步阅卷被否定；另一方面，又担心如果这些假设和猜测能成为真正的辩点，那么会由于现在没有把它标注下来，之后就遗漏了。

这个时候要记住查找时的两个原则。

第一，“宁滥毋缺”。对于查找出的可有可无的疑似辩点，做“有”处理。这套方法已经比传统的“卷宗缩写”法大幅度减少了工作量，我们有足够的时间试错，查找本来就是建立在假设与猜测上的，所以不要担心之后会用不了。

第二，动态查找。查找辩点，最主要的方法就是阅卷和会见。阅卷和会见，不可能是从第一卷（次）开始，到最后一卷（次）结束这样的线性过程。阅卷和会见是逐步推进的，查找辩点是在这个大顺序下反复对照，不断回顾的过程。查找出的疑似辩点也是在不断的肯定和否定中层层递进，不断深入，动态变化的过程。

另外，在“思维导图”软件中，有一个功能叫“联系”，可以在一个疑似辩点与另一个疑似辩点之间用一条虚线建立联结，方便分析。

二、验证时，“7 舍 3 入”

经过验证的疑似辩点，有的可能根本不需要再强化，结合法律、证据稍加整理后就可以在法庭上直接使用。而有的疑似辩点，由于法律规定模糊或者缺少证据，根本无法验证。这时应该怎么办？这种根本无法验证，不能形成基本闭环的疑似辩点，要不要进入强化阶段？

这种情况就考验辩护人的经验和判断了。对此我也没有更好的办法，只能靠多学习、多办案，培养自己对案件的敏锐度。

为保险起见，我的经验是“7 舍 3 入”，与数学上的“4 舍 5 入”是一个原理，凡是认为有 7 分不可能成立的疑似辩点，才舍掉，但只要认为有 3 分的可能性，就留下来试试。

三、强化时，无差别强化辩点

强化辩点时有一个误区，就是我们会本能地选择做容易的“题”，就是把验证过的，在理论和证据上都有部分支持的准辩点作为本阶段的重点。对那些勉强才基本闭环，或者如上面提到的虽验证不了但也留下来强化试试的准辩点往往会抱着一种可有可无的心态，或者认为浪费时间，索性就不去强化它。

这种挑肥拣瘦、拣软柿子捏的心态是完全错误的。可以说，完全搞反了。

强化辩点，不能有畏难情绪。很多办案机关人员的有罪推定思维根深蒂固，对无罪、罪轻的证据没有调查的动力。卷宗里里外外，隐藏着很多关键信息，等着辩护人深挖细查。

查找和验证，总体来说是一种被动式的工作，从别人做好的卷宗里挑毛病，在强化这个阶段，必须强调律师的主观能动性。

能让辩护人一眼便看出来的辩点少之又少，要让勉强基本闭环的准辩点“枝繁叶茂”，要让无法验证但弃之可惜的准辩点“起死回生”，就得在强化时坚持无差别强化辩点。

我的经验是，勉强基本闭环的准辩点经过强化后，往往只能让辩点更有说服力，而那些“验证不了但留下来强化试试”的准辩点，却常常会带给你惊喜。好辩点往往藏在深处，等着用心的辩护人去挖掘。

强化辩点，就是要有挑战不可能的决心，而无差别强化辩点，就是挑战不可能的诀窍。**要在强化辩点时“结硬寨、打呆仗”，下苦功夫，竭尽全力。如果确实无计可施，也能问心无愧。**

四、运用时，大局为重，不拘一格

运用辩点，如同打仗。《孙子·军争》中有一句话，“故其疾如风，其徐如林，侵掠如火，不动如山，难知如阴，动如雷震”，用于运用辩点时，恰如其分，需好好琢磨。

运用辩点，是在已经制定好的辩护策略下实施的，要像排兵布阵一样，详略得当，攻防有序。如果与大局不符，再好的辩点也得留着不用，不要觉得可惜。

有的辩点，审查起诉时可以提出来试一试，如果试了没用，开庭时就可以不提，避免冲淡主题，影响真正辩点的发挥。要在变化中运用辩点，敢于根据案件的实际情况作出调整。

有的辩点，要深深地埋在心里，不能提前在侦查、起诉环节暴露，要留待法庭上“一击必杀”。

还有的辩点，一审提出来对结果没什么用，但是二审提出来则可以作为发回重审的关键理由，那就留待可能发生的二审用，别提前浪费。

运用辩点时，要把案件看作一个整体，前期的辩护要为后期的辩护提供势能。特别是在出庭时，发问、质证、辩论要相互配合，进行饱和式辩护。

侦查、起诉、审判三阶段与“辩点闭环四步法”的关系

侦查、起诉、审判是刑事的三大程序，也是辩护律师工作的三大重要组成部分。这三大程序和“辩点闭环四步法”之间是紧密联结但动态变化的关系。

一、二者之间的区别

“辩点闭环四步法”在流程上基本与侦查、起诉、审判的程序一致。

只不过在三大程序中是有所侧重的。侦查环节由于律师不

能阅卷，只能通过会见和取证了解整个案件的全貌，有一种管中窥豹的感觉。所以查找、验证、强化辩点最重要的环节是起诉环节，而运用辩点最重要的环节是审判环节。

但是，二者之间又大不相同。

第一，“辩点闭环四步法”是围绕辩点这一核心进行的。

第二，侦查、起诉、审判是法律程序，而“辩点闭环四步法”是工作流程，**二者之间的关系是顺应而不是对应。**

二、三个阶段都得用到辩点

三个阶段的具体工作都会用到辩点。

在侦查阶段，辩护人要向公安机关提交《取保候审申请书》，需要找到一个或者几个能让公安机关同意取保候审的辩点。如果报捕，在侦查阶段提交给检察机关的《不予批准逮捕法律意见书》也是一样。当然，在侦查阶段，由于没有阅卷，辩护人提出的“辩点”准确地说只能算是基本闭环的“准辩点”。

在起诉阶段，辩护人要向检察机关提交《法律意见书》，这时，因为已经充分阅卷，且辩点大多数已经强化，作用基本接近于审判阶段。审查起诉阶段，如何用辩点温柔而又有力地说服检察官，是辩护人这一阶段工作的重点。

在审判阶段，辩护人要在法庭上发表辩护意见，庭后要提交辩护词，这一阶段，辩护人要在发问、质证（举证）、辩论三个方面充分配合，全面、有力地运用好辩点。

所以，“辩点闭环四步法”在流程上基本与侦查、起诉、审判的程序一致，且三个阶段都会用到辩点，但由于工作重点、内容和条件的不同，这三个阶段用到的辩点在质量和运用方式上也不一样。特别是在侦查和起诉阶段用到的辩点，是不太可能完整地走完24步的，**但还是应该尽量把对辩点的“查找、验证、强化、运用”的思维用于工作中。**

三、二者之间的动态变化

侦查、起诉、审判这三大阶段和辩点是一种动态变化的关系。

在侦查阶段发现的某个很好的疑似辩点，很可能在审查起诉阶段阅完卷之后才发现侦查机关自己也发现了这个问题，人家已经补好了漏洞——竹篮打水。

也可能辩护人之前在审查起诉阶段认为已经被否定的疑似辩点，或是已经被办案机关办成闭环的难点，在开庭时由于某种变化（比如同案犯当庭翻供）——起死回生。

还可能，被一审法院否决的辩点得到了二审法院的认可——峰回路转。

不同思维导图的关系

思维导图是“辩点闭环四步法”使用的核心工具。

“辩点闭环四步法”需要制作的核心思维导图有：解构“结论”思维导图，卷宗思维导图，控方思维导图，疑似辩点思维导图，辩点思维导图，这几张思维导图是整个案件的重要工作成果。

一、各思维导图之间的关系

从解构“结论”思维导图到控方思维导图，是对控方指控体系的归纳。一方面作用在于分析控方的思路，证据，预判控方的行为；另一方面防止辩护人出现重攻轻守的思维误区（见图3–2）。

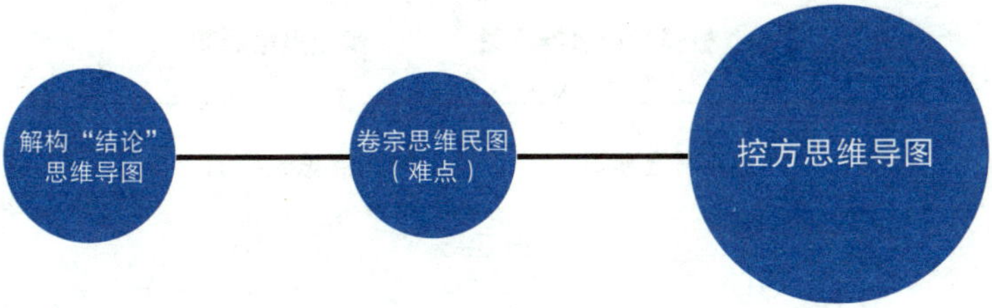

图 3-2

卷宗思维导图，是辩护人以卷宗的顺序为工作顺序，阅卷、会见等办案工作同步推进，用于查找案件疑似辩点的思维导图。

疑似辩点思维导图，是在卷宗思维导图的基础上，以辩点为单位，打破卷宗思维导图的顺序，归纳分布于各卷中的疑似辩点，从而形成的思维导图。

辩点思维导图有三张：第一张是在疑似辩点思维导图的基础上，经过验证、强化这两个步骤，筛掉没有通过验证、强化的疑似辩点后形成的思维导图；第二张是在第一张的基础上，给辩点分类、分级后重新组合（第 18 步）后的辩点思维导图（图 2-10）；第三张是在第二张辩点思维导图的基础上，在辩护策略的指导下，对辩点进行排兵布阵，再次重新组合（第 21 步）后的辩点思维导图。

从“卷宗思维导图”到“疑似辩点思维导图”，再到“辩点思维导图”，是一个不断发展，不断演化，不断闭环的过程，见图 3-3。

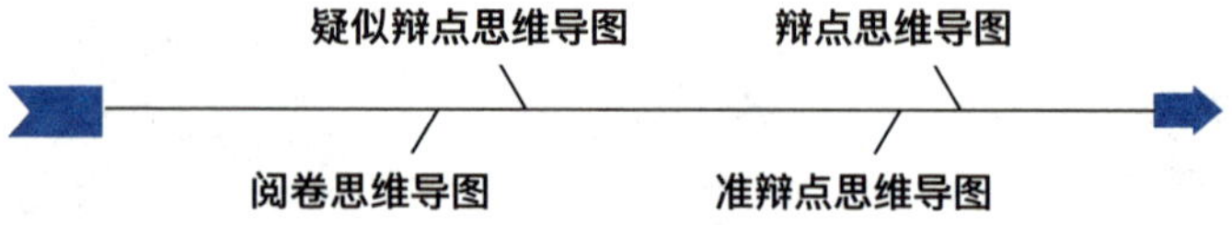

图 3–3

控方思维导图对应辩点思维导图，一控一辩。

各张思维导图各有各的作用。应该打印出来，平时多看，多想。出庭时作为利器放在手边，可以随时查阅、标注。

二、思维导图使用的其他场景

我一直认为思维导图是非常厉害的工具，除了上面提到的几张必须制作的思维导图外，还可以用于辩护人工作的诸多场景。

用一个在会见工作中使用思维导图的例子抛砖引玉。

和其他律师一样，每次会见，我都会做《会见笔录》。但是，律师会见既要谈案子，又要抚慰被害人的情绪，还要传达家人的情况，零散的《会见笔录》不利于信息的整合。

所以，除了制作《会见笔录》外，我还会以每次会见的次数为一个子主题，把每次会见时与案件有关的工作要点，制作成一个“会见思维导图”，并且按需补充到上面提到的各个思维导图中。

团队分工、协作

“辩点闭环四步法”在使用时可以由一名律师全部独立完成，也可以由两名以上律师（助理）合作完成。如果一个案件需要两人以上合作就会涉及分工、协作的问题。

对于分工、协作，一般要考虑两个方面的因素。

一是案件的实际情况。例如，是什么罪名？有几个罪名？有多少本卷宗？案件的难度怎样？会见的频率如何？

二是人员的实际情况。例如，参与的人数，参与人员的特长，参与的阶段，参与者的时间安排等。

每个案件有每个案件的实际情况，每个团队有每个团队的实际情况，对于分工、协作，确实需要具体问题具体分析。这里有几点经验和思考与大家分享。

一、一般案件的分工、协作

大部分资深律师都有助理协助工作，在使用本方法时，会涉及律师与助理之间、主办律师与协办律师之间的分工和协作问题。

（一）阅卷工作的分工、协作

阅卷是分工、协作的重点。

“辩点闭环四步法”要求最少要进行两遍阅卷（第 3 步和第 4 步），一般会由不同人员分工完成。如果卷宗只需要一名律师加一名助理分工、协作，我的做法是，第一遍的全面阅卷（第 3 步）交给助理进行，这既是工作的分工，也是对助理阅卷技能的一种培养。之后，我会对照助理完成的卷宗思维导图，再进行第二遍全面阅卷（第 4 步）。

这里要注意，要根据助理的实际阅卷能力决定主办律师第二遍的工作程度。如果助理具有丰富的阅卷经验，主办律师可能会轻松一些。如果是才开始学习的新手或者对该类案件经验不足，主办律师进行的第二遍阅卷就要像自己第一次阅卷一样用心。

有时，为了培养新人，我还会同时安排两名助理做同样的阅卷工作（工作内容完全一样，不分工），这是因为我知道新手前几次阅卷的质量是肯定存在严重质量问题的。安排两名助理的原因是为了给新手（助理）跟着学习的机会，安排熟手（助理）是为了不影响办案的时间及效果。**为行业培养新人是每位资深律师的责任，但是在对外交付工作成果时，必须得有一个统一的高标准。**

（二）其他工作的分工、协作

除了阅卷外，其他主要工作还有会见、文书写作和出庭三项工作。

对这些工作，总的原则是根据协办人员的工作能力、时间、特长进行分工。

要注意的是，“关键性节点会见”，如第一次会见、决策性会见、庭前辅导等，都应该由主办律师负责；文书写作的最后工作成果也应该由主办律师把关。总之，**主办律师是案件结果的第一责任人。**

二、大型案件的分工、协作

少数情况，一个案件需要两名以上助理或者多名律师协助工作，如大型的“涉黑”案件。遇到这种案件，除了上面讲到的基本方法外，还要着重解决大型案件最重要的一个问题——信息共享缺失。

具体来说，信息共享缺失的原因是每个参与者都只了解全案卷宗中的一部分信息。例如，必须将由两位助理分别阅卷的卷宗信息合在一起，才可能形成一个疑似辩点。

这种情况，我们试过用三种方案解决。

1. 开阶段协调会（比如一周一次），交流各自手上的阅卷信息，及时发现问题，并有专人对信息进行统筹。

2. 由一名最终阅卷人，对所有卷宗做一次“检查式阅卷”（如只看核心证据）。

3. 由一位经验丰富的律师（通常是这个案件的出庭律师）进行提问式检查，通过发问发现问题。

三种方法我们都用过，并且常常同时使用，效果都不错。

三、用方法改变工作模式

在分工、协作上，有一个反面例子让我深有体会：我办理过一个涉黑案件，大概有 80 多本卷宗，接到案件后，我安排了两个助理先做第一遍阅卷摘要，结果一个月后我拿到工作成果时才发现根本用不了，只能自己加班重做。一个月的时间就这么浪费了。

这个案子引发了我的诸多反思，其中之一就是我发现，两名助理在阅卷时，只是在做一个简单的摘抄工作。他们认为什么有用就摘抄什么，结果就是把一个脑力活变成了体力活。后来我发现，大部分刚入行的律师助理，由于没有明确的目标，而且对目标没有管理，就很容易信马由缰式地阅卷，做无用功。这些反思正是“辩点闭环四步法”来源的灵感之一。

现在采用“辩点闭环四步法”分工、协作，与其说是一种方法的改变，更不如说是一种思维模式的改变。

（一）工作态度从被动变主动

就像上面阅卷的例子，按照传统的方法，助理的工作是被动地进行摘抄，**只作摘抄与不摘抄的判断，不做能否成为辩点的深入思考，把脑力劳动变成了体力劳动。**现在，“辩点闭环四步法”的24步，是从查找到验证，再到强化，最后运用的全过程，如果没有主动性，不思考，不分析，就根本完成不了工作。

使用这套方法，助理们也知道自己下一步应该做什么，**从被动地执行，到主动地思考**，助理的提高也非常快。所谓刻意练习，成长思维，也在这套方法中得到了实现。

（二）工作目标从模糊变明确

传统的方法，工作目标是模糊的，就像上面我对助理的工作安排，就是“你们去阅卷吧”，然后 1 个月的时间就没了。当然，中途也会问几次，阅到哪里了，有些什么问题之类，但这种过问没有一个明确的节点进行督促和检查。

现在，**24 步就是 24 个工作节点**，主办律师就可以根据工作量提出明确要求，工作目标再也不是简单的“你们去阅卷吧”，而是变成了“明天之内，完成第 2 步，把办案机关的结论给解构了”“这个案子有 22 本卷宗，一个星期内完成卷宗思维导图的制作”。

（三）工作质量从自治到法治

之前对于办案质量的管控，助理的责任心是关键，这种责任心，基本上就是个人“自治”。现在，有 24 个工作节点对办案质量进行流程管控，每个节点完成后，主办律师都可以及时验收工作成果，更容易提早地发现问题。哪个节点上出了问题，都可以责任到人。

我发现运用这套方法后，办案质量明显得到了提高，团队协作也变得越来越顺畅。

活学活用，随机应变

“辩点闭环四步法”的四大步，24 小步是一个标准的工作流程，但不是所有的案子都会顺着这个流程走一遍。

学会之后还要活学活用，就像学会了“降龙十八掌”，临阵应敌时也不是要从第一掌打到第十八掌，而是该用哪掌用哪掌。**如果需要，“降龙第十七掌”再加上“佛山无影脚”又有何不可？**

很多朋友在使用这套方法时，会提出各种各样的问题。

例如：

案件还在侦查阶段，辩护人还看不到卷宗，但提交《取保候审申请书》或者《不予批准逮捕法律意见书》，用这套方法应该怎么办？

监察委调查的职务犯罪案件，律师不能会见，如何使用这套方法？

案件在检察院阶段，常会有补充侦查的情况，这时补充的卷宗应该如何处理？

我接的是二审的案子，这 24 步也要完整地走上一遍吗？

这一类的问题还有很多。

其实，**方法是死的，人是活的。**

案件还在侦查阶段，辩护人虽然看不了卷宗，但依然可以从会见及与当事人家属的交流中，查找出对取保候审有用的疑似辩点，然后通过力所能及地验证、强化后，再运用辩点（形成相关法律文书提交侦查机关或者检察机关）。

监察委调查的职务犯罪案件，案件移送审查起诉时，即可阅卷和会见，那就更简单了，直接从第 1 步开始即可。

补充侦查时，补充的卷宗可以先按第 3 步和第 4 步进行两次阅卷，之后再补充到各思维导图中即可。

二审才接的案子，大多数情况下，当然要完整地走完24步，只不过由于时间的限制，整个办案的速度需要加快。

24小步是标准流程，在我们熟练地掌握了“辩点闭环四步法”后，特别是在一些时间紧、任务重的案件中，**不必拘泥于这24小步，只要遵循以辩点为辩护核心，在当时允许的条件下对辩点进行“查找、验证、强化、运用”即可。**

对这套方法能否活学活用、随机应变，考验着一个辩护人的办案能力，同时也考验着与法律无关的综合能力，甚至是社会阅历。

辩护，从业余到职业

我知道很多律师不只做刑事案件，一名律师同时在两三个领域有所建树我是相信的，但是如果有人告诉我，他什么业务都能做，刑事辩护、房地产、IPO 上市样样精通，我是不相信的。

无论是只做刑事案件的律师，还是同时在两三个领域发展的律师，我的观点是，如果你想从事刑事辩护工作，一定要在具备基本的办案技能后再独立办案。不要认为自己通过法考，拿到了律师证就是一名适合办理刑事案件的律师。**刑事辩护这项工作，关系一个人的财富、名誉、自由，甚至生命，**

真的不是“业余辩护人”可以拿来练手的。

本书提供的是一套关于辩点的完整打法，有一定基础的辩护人只要跟着一步步地做，基本的办案质量是可以保证的，这是这套方法的核心价值之一。

但是，只是掌握了方法，而没有练习，没有一定的练习量，也是无法从量变到质变的。

10 多年前，我看过一本名叫《风雨司考路》的书。这本书中武汉的两名律师陈珺、邓江写了篇文章，叫作《年轻律师确定专业定位之我见》，其中有一段我很喜欢：“从获得律师执业证书到选准专业定位需经历 3~5 年的理论与实践相结合的过程，要想成为某一业务领域的法律专家则需要更长的时间。在这段时间里，年轻律师要广泛接触各种类型的案件，谨慎地处理各种法律事务，熟悉各类案件的法律程序，学习与诉讼当事人、参与人及相关人员打交道的本领，锻炼自己独立、灵活地应对各种诉讼活动或非诉活动的能力，从而迅速提高自身的业务水平。这个阶段是打基础的阶段，也是大多数年轻律师求生存谋发展最艰苦的阶段，但凡处理过 100 件不同类型、标的各异的诉讼与非诉讼案件后，年轻律师就会觉得自信心增强，逐渐找到律师这个社会角色的定位。”

办理 100 件案子才能出师，除了他们说的这 5 点外，我认为还有以下两个作用点。

第一，为自己设定一个“100件”的目标，那么在工作的前几年就不会因为自己干得多而斤斤计较，或者因为收入少而不想干，而是会把学习法律技能放在首位。我们应该把如何快速地掌握法律职业技能作为自己法律职业发展的首要要求（特别是入行前几年），而不是把怎样过得舒适放在首位，法律技能才是让我们安身立命的真本事。

第二，一定要对这100件案子进行总结，总结得失，总结法律适用，总结为人处世，总结出庭技巧，这些是你一步步提高的基石，也是你从事法律职业一生的财富。100件案子后，自己喜欢、擅长办什么案件？什么案件的办理又是自己的劣势和弱项？当下所在的律所或者地区，对自己将来职业的发展是好是坏？这些问题再也不用问别人，相信已有了最后的答案。

我的助理，常常要跟着学习3~5年，配合学习上百件真实案件后我才会让他们独立办案。当然，对拿到律师证后就迫不及待想独立挣钱的，我不会拦着，但这种助理是得不到我的认可的。

同时，我也相信，没有扎实的做律师助理的学习过程，没有上百件、几百件案件手把手地教学和打磨，而过早独立办案，可能的确在初期能多挣一点钱，但若干年后，就有可能由于基本功不扎实，遇到发展的“瓶颈”，得不到更大市场和更多同行的认可。

所以，我强烈建议各位年轻律师，在从事律师职业的前几年，与其斤斤计较在一个案件中的收入分配问题，不如把精力投入到大量的刻意练习中。而且，这一个个案件还会像灯塔一般，指引着你未来律师职业的发展方向。

从 1 到 100，是一名律师从业余辩护人到职业辩护人的转变的过程。一位立志要做刑事辩护的律师如果能够按照这套方法完整地做完100件案子，我认为就可以出师，作为一名“职业辩护人”独立办案且不会害人害己。

在这个过程中，要埋头办案，不问前程，更不问“钱程”。**这个阶段的身份是学徒，是学手艺的过程。**

能够安心地跟着老师学习 100 件案件的人不多，但若真学完，放手让这些人独立办案，也不会出什么大差错。

后　记

一是认真，二是勇敢

在本书的最后，我想谈一谈可能与这套方法无关，但对辩护结果有重大关系的辩护人的两个品质。

一是认真。

我每带一位新的律师助理时都会跟他们讲这样一句话：能力有问题，我可以教，但态度如果有问题，我就没有办法了。

对于一名律师来说，如果选择了从事这份职业，那么勤勉、认真的态度就是必备的品质。

做事不认真的人，最好不要做律师，尤其不要做刑辩律师。

二是勇敢。

罗翔老师说，勇敢是这个时代稀缺的品质。如果你选择了做一名刑辩律师，那么勇敢，就已成为你必备的品质了。

很多时候，我们需要的不是对法律的熟悉和深入的研究，不是娴熟的办案技巧，而是明知自己弱小还敢于坚持的勇气。

看看那些伟大的无罪案例，法条和技巧在辩护人的勇气面前，只不过是微不足道的手段。

刘哲检察官说，“你办的不是案子，而是别人的人生”，但别人的人生，何尝不是你自己人生的一部分？

谨以此书，致敬每一位既认真又勇敢的辩护人。

葛鹏起

2024 年 1 月 20 日